William Stubbs, Abbey Waltham

The Foundation of Waltham Abbey

William Stubbs, Abbey Waltham

The Foundation of Waltham Abbey

ISBN/EAN: 9783337249885

Printed in Europe, USA, Canada, Australia, Japan

Cover: Foto ©ninafisch / pixelio.de

More available books at **www.hansebooks.com**

THE

FOUNDATION OF WALTHAM ABBEY.

THE TRACT

"𝕯𝔢 𝔦𝔫𝔳𝔢𝔫𝔱𝔦𝔬𝔫𝔢 𝔖𝔞𝔫𝔠𝔱æ 𝔔𝔯𝔲𝔠𝔦𝔰 𝔫𝔬𝔰𝔱𝔯æ 𝔦𝔫 𝔐𝔬𝔫𝔱𝔢 𝔄𝔠𝔲𝔱𝔬
𝔢𝔱 𝔡𝔢 𝔡𝔲𝔠𝔱𝔦𝔬𝔫𝔢 𝔢𝔧𝔲𝔰𝔡𝔢𝔪 𝔞𝔭𝔲𝔡 𝔚𝔞𝔩𝔱𝔥𝔞𝔪,"

NOW FIRST PRINTED FROM THE MANUSCRIPT IN THE
BRITISH MUSEUM,

WITH INTRODUCTION AND NOTES

BY

WILLIAM STUBBS, M.A.,
VICAR OF NAVESTOCK, LATE FELLOW OF TRINITY COLLEGE, OXFORD.

𝔒𝔵𝔣𝔬𝔯𝔡 & 𝔏𝔬𝔫𝔡𝔬𝔫:
J. H. AND J. PARKER.
1861.

Printed by Messrs. Parker, Cornmarket, Oxford.

INTRODUCTION.

1. HAROLD, the son of Godwin, was a man the least record of whose acts and fate has an interest for Englishmen. He was also one, if history tells the truth about him, not one of whose deeds or designs can fairly be looked on as being without weight or significance. His was the truest heart, and the wisest head, and the strongest and gentlest hand in the land [1].

If, as we have every reason to think, his foundation of Waltham was not a mere conforming with the fashion of the age, but the cherished design of a wise devotion, and an expression of a true sense of the needs of his Church and country at the time, the following pages, which contain all that is known of the history of it, have an interest not confined to local antiquaries, or indeed to antiquaries at all.

2. The history of the Church of England before the Norman Conquest must be studied in its own records if we are to gain a correct notion, much more if we are to form an adequate idea of it. From its very beginning it presents itself to us in strong contrast with the history of the Continental Churches. Its framework was not built up on the foundations, nor its lines of demarcation drawn on the plan, of the old Roman empire. A complete wave of change had gone over the country between the Roman occupation and the mission of Augustine. Forests were now full grown where towns had been, and the new settle-

---

[1] For our author's account of Harold's character see chapters 14 and 20; and compare *Vita Eadwardi*, ed. Luard, pp. 408, 409, and *Flor. Wig.*, i. 224. Of course the Norman historians and parasites blacken it as much as they can, but their falsehoods refute themselves in most instances. The strongest argument in favour of the perjury story is to be found in the fact that Eadmer believed it: but he wrote nearly sixty years after it is said to have taken place, and long after the history of the time had been corrupted.

ments were placed where the surrounding wilderness re-
minded the invaders of their old home, where a vast 'mark'
was considered as a proof of strength and prowess. And
so in the course of The Conversion the English kingdoms
received the foreign missions and religious ways of the
Roman, Irish, Burgundian, and Oriental apostles; but
amalgamating them in their own way, and being themselves
united and amalgamated by them, they grew up, in one
aspect into the Church, in the other and later one into the
Nation of the English. Thus although a knowledge of the
general history of the Church may enable us with a measure
of truth to predicate of one part of it what is true of another, this is less the case with our own than with foreign
Churches. What is true of them generally is often only
approximately and partially true of England. This is not
said with an intention of understating the value of the
study of contemporary Church history, but to warn students
against the notion that that study will any way supersede
the necessity of studying our own. One of the first and
most striking distinctions will be found in the fact that
England was converted to Christianity principally by the
work of monks and monastically-trained priests, a class
which thus acquired a prestige[2] beyond that of the secular
clergy, which was never wholly lost until the Reformation.

3. The difference between a monastery of monks and a
minster of secular priests or canons consisted in the fact
that the inmates of the former were bound by vows of
obedience, poverty, and chastity, but were not necessarily
in holy orders; those of the latter were ordinary clergymen,
bound by no particular vows, but living together on common
estates, serving a common church, and under common local
statutes. Both were bound to do their best to serve God
and man, the former by prayer and (in practice, if not rule)

---

[2] Ordericus Vitalis (iv. 6) remarks on conventual cathedrals as almost peculiar
to England.

by study, the latter by taking care of souls, and trying to turn the business of the world into a channel most conducive to the glory of God. The monks, even before they were formed into a corporate society by minute organization, were, owing to the uniformity of their rule, a much more compact body than the seculars ever have been, had much more *esprit de corps*, and could always make their influence felt. They had also, unfortunately, almost a monopoly in writing history. Nearly all our information on the history of the Church and Nation up to the sixteenth century is drawn from monastic, chiefly Benedictine, annals[3]. All praise to the monks for it, for we have to thank them for an unrivalled *corpus historicum;* the debt is one that none will deny but the most ignorant pretender to knowledge. Still we may be allowed to doubt whether certain passages of history would not be' read differently with the light of a secular comment; such, for instance, as concern cathedral institutions, the marriage of the clergy, preaching, and the cure of souls.

4. If we take four points, the age of Bede, that of Alcuin, that of Dunstan, and the Conquest, we may get as clear a notion as so hasty a glance will enable us, and one clear enough perhaps for our present need, of the position of the two parties.

In Bede's time[4] we find priests and monks, nuns and mynchyns, comfortably settled together in the same houses;

[3] Of course there are a few exceptions, such as Henry of Huntingdon and Ralph de Diceto, but the general contrast between the few secular annalists and the monastic will be seen on a comparison of the history of Lichfield (*Ang. Sac.*, i. 423) with the annals of Worcester in the same volume. The latter are general, and the work of a body of men continuing through ages, the former the isolated effort of a local chronicler.

[4] Bede, iv. 23, &c.; *Counc. Cealchythe*, Wilk., i. 147; Asser, *Mon. Hist. Brit.*, p. 493. The mention of an abbot during the early periods is not a conclusive proof that any particular house was of monks alone. York Minster was governed by an abbot in the ninth century, and the first mention I find of a prior in an English church is in 821. On the other hand, the mention of a dean does not prove that there were no monks, for Canterbury, Worcester, and Evesham had deans up to the Conquest. For abbots of seculars see Mabillon, *Elogium Alcuini*, Opp. Alc., ed. Migne, vol. ii. pp. 1419, 1427.

there were secular as well as regular abbots, men and women together, sometimes under the rule of a man, sometimes of a woman. By the time of Alcuin the monks had begun to envy the liberties and privileges of the clergy, looked on holy orders as a way of slipping from their vows, and assimilated themselves in dress and manners to their rivals. The Danish invasion and the reformation of the Benedictine rule both tended to the decline and destruction of the old monasteries : in Alfred's time there was scarcely a man to be found fit to be made a monk. Under Odo and Dunstan a reaction followed. Great efforts were made to turn the seculars out of their colleges and cathedral churches, and were to a great extent successful. It is doubtful, however, whether any of the cathedrals were quite cleared of secular canons before the Conquest. Another change set in during the first half of the eleventh century. The Danish monarchs naturally favoured the party that Ethelred and his advisers had oppressed. Colleges of importance rose up quickly, and continued to do so notwithstanding the attachment of Edward the Confessor to the monks. The movement was perhaps local : the northern province owes to it her famous cluster, Ripon, Beverley, and Southwell ; Cornwall and Devon had much more than their share ; Shrewsbury had at least four. There are in Domesday Book between thirty and forty distinct references to endowments of this class (besides the cathedral churches) existing in the time of King Edward[5].

5. Harold is described in the charter of Waltham as "canonicæ regulæ strenuus institutor." If these words have any real meaning, (and the epithet " strenuus" is applicable to Harold in everything his hand found to do,) it must be

---

[5] The origin of secular colleges was probably the desire of the kings and great nobles to have about them a body of chaplains, counsellors, and instructors resembling the chapters of the bishops' cathedrals. At a later period the term includes the king's free chapels, in some cases large chantries, rectories in portions and medieties, corporations of hospital priests, and the educational foundations of the Universities.

that he was from conviction a supporter of the system of Canonical organization of colleges of secular clergy. We can imagine the reasons that made him so: the foreign predilections of the monks, favoured by the "simple" monarch on the throne; the decay of learning which was beginning to be felt in the institutions which had the monopoly of it, and which it was reserved for the energy of Lanfranc to counteract; and the danger which a monastic power, separated in ideas and sympathies from the people and wielded by worldly men, always entails on the religion and happiness of a nation. The monks, like the friars of later times, were always in extremes, sometimes before, sometimes behind the age. The heroic patriotism displayed by some of their fraternities at the moment of the Conquest and shortly after it would, if anything could, disprove this statement: but the effort was short and spasmodic, and served but to rivet the fetters on the people, who would have made it successful if it had been attempted a few years earlier.

The multiplication of secular colleges was one of the most likely means of raising up a clergy whose knowledge of mankind, general learning, and thorough sympathy with Englishmen, might improve the character and help to save the souls of the people Harold loved. Alfred and Edward the Elder, Athelstan and Cnut, had shewn their sense of this by secular foundations; the heroes of the monks were Ethelwulf, Eadred, and Eadgar: the contrast is a speaking one. Nor was the lesson lost on English statesmen who followed them, such as were the great bishops of the family of Beck[6], Archbishops Thoresby and Chicheley, Walter of Merton, and William of Wykeham.

---

[6] See Antony Beck's reason for founding Lanchester, *Mon. Angl.*, vi. 1334. He and his brother Thomas together founded at least six colleges. Githa, the mother of Harold, founded a college at Hartland. Other reasons may have co-operated with these, as, for instance, the rivalry of the munificent foundations of Leofric, and the preparation of a burial-place. As for the popular notion on such subjects, drawn from the doctrine of merits, we may well believe that a man like Harold would adopt what seemed to him the most effectual means of accumulating good works—doing the most good.

6. As, for such reasons, a strenuous supporter of the secular clergy, we may well believe Harold to have founded his college. His choice of the place was probably directed by the grant of large estates in the neighbourhood, and determined by the fact that there was in the church already existing a wonder-working crucifix of no small fame. This Holy Cross of Waltham had been found at Montacute in Somersetshire several years before, after a search ordered by a spiritual visitant to the smith and sexton of the village: Tovi, the owner of the parish, is said by the legend to have been standard-bearer to Cnut, and is known from Domesday Book to have had very large estates in other counties. He offered a church with a liberal endowment for the newly discovered treasure. The cart on which the cross was placed stood still at the offer of his other estates, but started off at once at the name of Waltham. Here accordingly, in his old hunting-ground, he built a church, and endowed two priests to take care of the Holy Cross, and of the souls of the sixty-six parishioners whose bodies had been healed of different diseases by its miraculous powers.

However credible or incredible the story may now appear, Harold seems to have believed it, and chose to build a new church and college at Waltham.

7. He had seen a good deal of the world; had visited France, Germany, and Rome. It is possible that during his travels he had kept in view a purpose that his intended foundation should have the benefit of his experience. In Normandy he had seen a new style of architecture springing up which would suit well the climate and scenery of his own land. In Germany he had seen a state of order maintained in the college schools and monasteries, which could not fail to strike him as contrasting with similar institutions in England. And at Rome, like every Englishman before and since, he found himself tempted with

a display of relics to be bought with English gold, and only too fascinating to English piety. Anyhow, when he did begin his work at Waltham, he took care that his own college should not be behind the chiefest institutions he had seen abroad, in art, learning, sanctity, or general efficiency.

8. Having determined to found a college of canons, Harold made it his first care to provide the best possible form of management, and to get the best advice for the composition of his statutes. And this he was fortunately enabled to do by his connexion with Germany. The intercourse of England with Germany was close at this time : the Emperor had married a daughter of Cnut, half-sister of the King; the Æthelings, Edmund and Edward, had married nieces of the Emperor; the Confessor himself had put on his arms once, and taken to the sea-king's life in command of his own fleet, in aid of Cæsar against the Flemings; alliances in the empire were probably cultivated by the national party as a counterpoise to the overweening influence of the Normans at court; Tostig, a brother of Harold, had married a niece or daughter of Baldwin; Aldred, the patriotic bishop and friend of Harold, had resided for nearly a year at Cologne as ambassador to Henry; German clerks were at the head of the Wessex Church; Herman, Bishop of Sherborn, was a Fleming or Lorrainer; Duduc of Wells a Saxon; the King and Queen both had Lorrainers as chaplains; and Leofric, the Bishop of Exeter, though a Breton, it is said, by birth, was educated in Lorraine. It was in Lorraine that the system of secular colleges may be said to have originated, for Chrodegang, the Bishop of Metz, was the first who brought his clerks under statutes, and is generally reputed the founder of the canonical life. Although the rule of Chrodegang had long been almost obsolete, the state of the colleges of Lorraine and the neighbouring parts of Ger-

many, and their character as schools of education, were
far better than those of similar establishments in France
and North Italy. It is not to be wondered at, therefore,
that Harold, either by the exercise of his own judgment,
or, as it is stated in the *Vita*, by the influence of the Emperor, Henry III., was led to choose as his adviser Athelard, a native of Liege, and student of Utrecht. In his
native town he had probably been a pupil of Adelman, the
friend and schoolfellow of Berengarius, and at Utrecht taken
part in the canonical revival promoted by Bishop Bernulf,
who died in 1054, after founding two collegiate churches.

9. The rule of Chrodegang differed little from the monastic
rule of Benedict, except in the article of poverty : canons
were allowed to have some small right of ownership in their
property, though neither to manage it nor bequeath it as
they pleased. Owing to the fact that the life and habits of
secular clergy necessitated a greater amount of liberty and
independence than that of the monks, the rule had proved
too stringent on the Continent, where it had been favoured
by emperors and councils, and even been pressed by them
for acceptance in all houses of clerks ; it will be no matter
of surprise if we find that it had never made way in England. An attempt was made to introduce it in the Lega-
tine Council of 786, which probably went no further in
effect than to change the name of secular clerks into that
of canons, and to turn secular abbots into deans. Early
in the ninth century Archbishop Wulfred tried, even before the enactments of the Council of Aix la Chapelle,
to persuade his "family" to use a common refectory and
dormitory, giving them permission to possess the houses
or rooms they had built within the monastery, and to bequeath them among their brethren[7]. But this was not

---

[7] Kemble, C. D., 200. A similar agreement between Gunther of Cologne and
his canons is noted by ecclesiastical historians as a sign of the decadence of the
system.

enough to secure the obedience of the clerks, and from the
year of Wulfred's death to 995, if not later, they seem to
have had their own way. There is no doubt that the
great stumbling-block was the custom of the common
dormitory, which was incompatible with the existence of
a married clergy, such as continued in England for sixty
years after the Conquest. We know on the testimony of
William of Malmesbury that the Lotharingian rule never
was accepted in England. He gives an account of the attempt of Leofric, Bishop of Exeter, to introduce it into his
church. Some remains of it existed (the system of "com-
mons" or rations) in his own day, but the dormitory and
refectory had long been disused. Giso of Wells soon after
the foundation of Waltham had done the same, but his
buildings were pulled down by his successor. Archbishop
Thomas of York likewise attempted it, but was obliged a
few years after to undo his work, and to refound his cathedral on' the old secular basis, with such improvements and
additions as have lasted to our own time[8]. Instead of
attempting any general alteration of existing foundations,
later reformers set up the rival order of Canons Regular
of Saint Augustine, to which in process of time we shall
find Waltham made over, in common with several similar
foundations.

10. Whilst the Waltham scheme was in progress in
1059, Pope Nicolas II. promulgated a decree that secular
priests living together should use a common table[9]: but
the founders did not act upon this order. We read not
a word of either refectory or dormitory, and we know
that Athelard was himself a married man. The discipline
of reprimand, private and public, corporal punishment and
deprivation, is especially remarked by our author as con-

---

[8] Malmesb., *Gesta Pont.*, lib. ii. ; Ecclesiastical Documents, Camd. Soc., pp. 17,
22; Stubbs apud Twysden, c. 1708, 1709.
[9] Robertson's Church History, ii. 705. Jaffe ad 1059.

tinuing to within his recollection [10]. The canons were dieted, but on a much more liberal scale than that of Chrodcgang [11], and no attempt was made to interfere with their private property.

The organization of the college was simple: the dean was the only dignitary; the other offices which were introduced into the English cathedrals towards the close of the century were not here distributed to distinct stalls, but either held by the brethren best qualified for them, or perhaps, as in the present college system, by election and rotation. Athelard, under the name of 'Magister Scholarum,' discharged the duties of chancellor and treasurer. We read also of two minor prebendaries or minor canons [12], and officers bearing the name of 'custos ecclesiæ' and sacristan. The position of the 'Magister Scholarum [13]' is recognised as most important in such cathedral statutes of the age as have come down to us, and our author speaks from long experience of the way in which it was maintained at Waltham by Athelard and his son Peter in succession. The gravity, grace, and pious demeanour of the schoolboys was exemplary; and no praise could be too great for the care with which they were made to learn by heart, and to shew a reverent and devout behaviour in church.

11. The endowment of Waltham, although it seems insignificant by the side of the Confessor's rich foundation at Westminster, was very liberal, and doubtless intended to be more so. The charter of Edward confirms the grant of eighteen estates, viz. Northland in Waltham, three hides; Passefeld, two hides minus thirty acres; Weald, two hides; Upminster, two and a-half hides and forty acres; Walcfare,

---

[10] Ch. 15: *Regula Chrod.*, c. 17; Mansi, xiv. 321.

[11] *Regula Chrod.*, c. 22, 23; Mansi, xiv. 323, 324.

[12] Ch. 27. Two minor prebendaries were endowed to read the Gospel alternately in the capitular masses. These masses, which were celebrated at an early hour, after the lections in chapter, were devolved on the minor canons. See Stat. S. Paul, p. 353; Stat. Lichf., *Mon. Angl.*, vi. 1257.

[13] Stat. S. Paul, Ellis's Dugdale, p. 348; Stat. Lichfield, *Mon. Angl.*, vi. 1256.

four hides, minus forty acres; Tippedene, three hides and forty acres; Alwarton, three and a-half hides and ten acres; Woodford, five hides; Lambeth, eight hides; Nazing, five hides; Brickendon, five hides; Melnho, four and a-half; Arlsey, eight; Wurmeley, five; Loughton, six and a-half and twenty acres; West Waltham, three; Hiche, probably five; and Nettleswell, the extent of which is unknown. The canons appear also in Domesday Book as possessing two hides and a-half in Epping. Most of these lands lay in Essex; the exceptions being West Waltham in Berkshire, Hitchin, Brickendon, and Wurmley in Hertfordshire, Lambeth in Surrey, and Melehou and Arlsey in Bedfordshire. Tippedene and Alwarton are described in Domesday Book as in the Hundred of Ongar, but they are not to be recognised now, nor does the college appear to have had any property besides Passefeld in that Hundred. It is possible, however, that they may be the ancient names of manors in Waltham and Epping. According to our author, Northland, Hitchin, Loughton, Lambeth, and Alwarton, and an estate at Kelvedon, which we hear no more about, belonged to Tovi's original foundation, but Northland only is mentioned in the charter as having been the endowment of the old church; the others may have been resumed by the founder's successors, and have fallen into Harold's hands on Athelstan's forfeiture. The accounts in chapters 13 and 18 are, however, inconsistent, the latter ascribing the gift of Hitchin and Lambeth to King Edward. The extent of these estates, exclusive of Nettleswell, was, supposing the hides to be of uniform measurement, seventy-seven hides and fifty-five acres.

12. The foundation was for a dean and twelve canons [14];.

[14] Newcourt, following Fuller, says eleven, but the statement of our author seems decisive. Tovi founded the church for two priests, Harold associated with them ten or eleven others, and set the dean over them. The hesitation of the transcriber of Cotton MS. who appears to have written x., and subsequently to have made it xi., is probably owing to a doubt whether or not he should count in the dean. See ch. 15.

four of the estates were allotted to the dean—Passefeld, Arlsey, Weald, and West Waltham. To each of the canons a prebend was allowed, from which his stall was named; seven of these are mentioned in chap. 15, the remaining five were probably Nasing, Melnho, Walcfare, Wurmley, and Lambeth. Northland was divided into portions of fifteen acres, one of which was given to each canon; and besides this, each had forty shillings a-year from the tithes and offerings of the parish, and an allowance of forty shillings a-year for dress from the shroud-lands of the college, which lay in Nasing, Walcfare, and Loughton [15].

The meat and drink were provided out of the prebendal estates, which were held subject to a *feorm fultum* of so many weeks each. The dean, for his estates of Passefeld, Weald, and Arlsey, had to provide for nineteen weeks; the prebendary of Nettleswell, seven weeks and two days; Alwarton, four weeks and two days; Upminster, two weeks and two days; Woodford, Brickendon, and Tippeden, two weeks each; and Loughton, a week and a day. The remaining twelve weeks were distributed among the five remaining prebendaries.

The allowances are very liberal both in meat and drink: to each canon daily three loaves, six bowls of beer, and six dishes of meat; on festivals of the first-class, three pittances of game or poultry; on second-class feasts two, on simple feasts one; at the greater festivals, and those of the Holy Cross, wine and mead. These rations would seem to allow each canon a household of from six to ten persons; but the language of the author is not quite clear. The remaining proceeds of the prebends were devoted to the personal uses of the canons at their discretion.

13. The new church was doubtless designed in the new style of architecture, the earliest specimen of which in

[15] Charter of Henry II.; *Mon. Angl.* vi. 63.

England was Edward's Abbey Church at Westminster. The most powerful subject in the realm may even be suspected of trying to outvie his master and his Norman friends. But architectural antiquaries have not yet decided whether any part of the existing church can be considered so early as the time of Harold. Much argument has been adduced for and against such a supposition, and our author has been appealed to by both sides. There is every reason to suppose that Harold would build in the very best style of which he had accessible patterns, and that, strenuous in all things, he would make an end of what he began. It is not, however, probable that his architect would be forty or fifty years in advance of the other builders of the age. Our author in one passage speaks of the church as completed before the consecration, and in another of works going on, apparently in the choir, as late as 1125 or 1126. "Adhuc sub judice lis est [16]."

. Whatever part was finished, was splendidly adorned in a fashion that reminds one more of Eastern than of Western art, as if Harold might have wandered to Constantinople in his earlier days. Brazen plates gilt were spread over the walls: the capitals and bases of the pillars were curiously carved, and the elaborate ornaments of the altar, reliquaries, vestments, books, and furniture of the sanctuary, are described by our author in terms of regret and indignation proportioned to their intrinsic value [17].

[16] Possibly some light may be thrown upon the subject by the consideration of the close connexion subsisting between Waltham and Durham.

[17] The following passage from the Vita Haroldi, MS. Harl. 3776, Michel, Chroniques Anglo-Normandes, ii. 162, may be compared with ch. 16 and 22 of this book :—

"Transtulit autem, ut legitur, idem rex de Waltham in Normanniam septem scrinia, ubi tria fuerunt aurea et quatuor argentea deaurata cum gemmis pretiosis, plena reliquiarum; quatuor textus auro, argento gemmisque ornatos; quatuor thuribula magna aurea atque argentea; sex candelabra quorum duo aurea, cætera argenta; tres urceos magnos ex Græco opere argenteos atque deauratos; quatuor cruces auro atque argento et gemmis fabricatas; unam crucem ex quinquaginta marcis argenti fusilem; quinque vestimenta sacerdotalia pretiosissima, auro gemmisque ornata; quinque casulas auro gemmisque ornatas, in una quarum erant duodecim marcæ auri; duas capas auro gemmisque ornatas; quinque calices, duos aureos, cæteros argenteos, quatuor altaria cum reliquiis quorum unum aureum, cætera argentea

14. The relics with which the church was dedicated were also a sign of the magnificence of the founder. It is certain that at one period of his life he had visited Rome [18], but it is impossible even to guess the date. The author of the *Vita Haroldi* [19] tells a story of his adventures there, which, whether true or not, is characteristic. He had during his stay accumulated such a collection of relics that four or five days after his departure the Romans sent after him and brought him back. He was compelled to restore his costly purchases to their former owners, and to content himself with the diminished store. He did, however, get permission to bring home the bones of SS. Chrysantus and Daria. It is to be feared that the Italians were not more honest as to what they let him take away, than they had been in regard to his purchases; for, if we may believe Anastasius, the bones of these saints had been translated two hundred years before to Prüm, in the archdiocese of Treves [20]. Besides these, he succeeded in obtaining a fragment of the true cross, and a multiplicity of relics of the saints from all parts of the world. These are not enumerated by our author, who, however, records the fact of their being concealed on the day of consecration in a way so complete as to lead us to the suspicion that they had never been found again. They had been, as he tells us, collected by Harold with much labour and inestimable diligence, and such words in Harold's case have a meaning [21].

15. When the church had reached such a state of com-

deaurata, unum cornu vinacium argenteum centum solidis computatum, decem phylacteria, unum quorum de duabus marcis auri et gemmis pretiosis, cætera auro argentoque parata; duas sambucas, sellas fœmineas ex multo auro fabricatas, duas campanas pretiosas."

[18] *Vita Edw.*, ed. Luard, p. 410.
[19] Ed. Michel, p. 182. The story is, perhaps, a version of the adventure of Tostig with the banditti. *Vit. Edw.*, p. 410.

[20] Butler's Lives of the Saints, Oct. 25.
[21] The character of a relic fancier was not peculiar to Harold among the English of his age. Archbishop Ethelnoth brought an arm of St. Augustin from Pavia, for Coventry. In the list of Exeter relics made by Leofric are some of SS. Chrysantus and Daria, as also at York and St. Alban's. *Mon. Angl.*, ii. 528. See too Eadmer, ii. p. 50, ed. Selden.

pletion as to be fit for divine service, it was consecrated. The date of this act may be fixed, with great probability, to May 3, 1060, the feast of the Invention of the Holy Cross, which, together with that of the Exaltation, was made a fair-day for Waltham under a charter of Queen Matilda to the canons. The chief prelate present was Kinsige, Archbishop of York, whose name was handed down by tradition to our author as that of the consecrator. He had been chaplain to Edward, and seems (as Stigand was generally under a cloud) to have been looked on as the principal ecclesiastic in England. Besides him there were present most of the bishops and earls, King Edward, and Queen Edith, the sister of Harold. The list given by our author unfortunately is not a correct account of the company on this occasion, but of the persons present at the signing of the Waltham charter two years after; some of the bishops enumerated did not reach that dignity until after Kinsige's death. The day was celebrated with great rejoicings; among other festivities, great tubs of wine and mead were tapped in the lanes and streets, and all might drink who would.

The King stayed until after the octave, when he left for Winchester, to keep Pentecost the following Sunday. At that feast, according to our author, the warning was given of the approach of the King's death by the restoration of the ring by St. John. This event, which is entirely legendary, is strangely misplaced; for although the messengers gave him only six months more to live, he certainly survived five years and a half.

16. As long as Edward lived Harold would have opportunities in abundance of adorning his church and adding to the number of its relics. On the King's death he was hurried into a position which left him little leisure to carry out his intentions of enlarging the endowment. Still he found time to visit Waltham; probably it was the chosen

b

scene of his scanty relaxations; and he never did so without
an offering worthy of a king. It was here that, on his return
from Stamford Bridge, he had the news of the Norman invasion. Here he offered up his prayers for success, and
deposited the relics which he was accustomed to carry
about with him. The crucifix before which he prayed, so
the old sacristan Turkill told our author, bowed the head,
as if to express sorrow for the inevitable future. When
he left, Osgod and Ailric, two of the canons, were sent by
the chapter to attend on the King, and if the adverse omen
should come true, to bring back the body of the founder[22].

Harold fell on St. Calixtus' day; "Heu! Ipsemet cecidit
crepusculi tempore," says Florence, at the coming on of the
twilight, before the darkness of the Norman century fell on
the ill-fated English. Osgod and Ailric, faithful to their
trust, recovered the body with some difficulty, by the aid
of Edith Swanneshals, Harold's old love, and brought it to
Waltham. There it was buried with due honours, and
translated from time to time as the alterations in the church
demanded, until in our author's early youth it reached its
proper resting-place[23].

17. The ecclesiastical changes which followed the Conquest were neither so sudden nor so great as they are
commonly described to have been: no harsh measures
were taken until three years after the battle of Hastings.
During that time Archbishop Stigand, although under the
displeasure of the Pope and kept in an honourable custody,
exercised the functions and enjoyed the privileges of his
rank. Even in 1070 only three bishops besides him were
deprived, one of whom was the Archbishop's own brother,
and another taken in arms against the King.

Waltham, which was looked on rather as a free chapel of

[22] Harold's war-cry was " Holy Rood."
Lappenberg, ii. 297.
[23] The epitaph of Harold, given in
Appendix I., is from the Harleian MS.,
3776, where it immediately follows the
conclusion of this tract in the same hand.

·Harold than as a great monastic establishment, escaped interference for the present. The estate to which it was counted appurtenant, that namely which Harold had received on the forfeiture of Athelstan the Staller, was granted to Walcher, Bishop of Durham, a native of Liège, a fellow-countryman of Athelard, the master of the schools at Waltham, and a secular canon. This was fortunate for the college, as it must have prevented any harsh acts of appropriation or deprivation. Nor was Walcher a man likely to commit such: his great and fatal fault seems to have been an inability to see that his friends were in the wrong. To this he fell a sacrifice in 1080, by a martyrdom for which Queen Edith at his consecration had pronounced him fitted [21]. The one act recorded of him with regard to Waltham is that he enviously took to himself two hides and a-half of land in Northland. To this it is probably owing that the property of the canons in their own parish appears in Domesday ·Book as only half a hide. From the same authority we learn that Geoffrey de Mandeville had got possession of half a hide in South Weald. The North-land estate was restored subsequently by Queen Matilda.

18. William of St. Carileph, the great builder of Durham cathedral, succeeded to the estate of Walcher. He taxed the canons for the building of his castle at Durham, and seems to have looked on Waltham not as a personal grant, but as the property of his see. He held the estate when Domesday Book was compiled, and if we are to accept lite-.rally the account of that document, must have taken the Berkshire and Bedfordshire estates of the college to himself. This is rendered uncertain by the fact that we find them afterwards in the hands of the proper owners [25]. In his

[21] Bromton, 969.
[25] The Lambeth estate is entered as holden of the Earl of Mortain, but still in the hands of the canons, but Hitchin is mentioned as held by the King with-

out reference to Waltham, and appears no more as the property of the house. We may remark that the Mandevilles, who succeeded to the property of the Staller, which in many places adjoined

time William Rufus carried off the treasures of the college
for the building and decoration of the new churches at
Caen [26]; and it was to his remorse for this spoliation, if we
are to believe our author, that we are to ascribe his grant
of liberties to Waltham after Bishop William's death· in
1096; a most happy remorse for the canons, if they owed
to it their escape from the clutches of Ranulf Flambard,
the next Bishop of Durham.   The King probably retained
the estate in hand until his death.   Henry granted it to
Matilda his wife—" Molde the good queen."

19. We have printed in the Appendix the few charters
that have come down to us from the ancient canons, as they
were called by their Augustinian successors.   Several of these
are grants of Henry and Matilda, and though of little interest except as antiquities, throw some light on the history,
which would else be quite obscure.   We learn from them
that in 1108, when the Queen founded the priory of Christ
Church, Aldgate, she exchanged for the site of that church,
which belonged to Waltham, the mills of Waltham.   She
also restored the land in Northland which Bishop Walcher
had occupied, quitclaimed to the canons Bishop William's
tax of pence for Durham Castle, and established two fairs
on the feasts of the Holy Cross.   She died in 1118, and
her place was supplied three years after by Adelicia of
Louvain, also the proprietress and patroness of Waltham.

Among Adelicia's benefactions was the dedication, or
more probably the restoration, of the tithes of Waltham to
the communa of the canons [27], a measure which she seems,
from a quaint letter addressed to the parishioners [28], to have
had some difficulty in enforcing.   On her husband's death

that of the college, were uneasy and dan-
gerous neighbours. In Domesday Book
Geoffrey had got half a hide in Weald
from the canons, the Hundred knew not
how, but he said by exchange.

[26] So our author; but it is more

likely that William wanted the money
for his mortgage of Normandy. See
Malmesb., *Gesta Pont.* v., *Ang. Sac.*
ii. 44.

[27] App. III. 15.

[28] Ibid. 16.

she was ousted in favour of Stephen's queen, Matilda, by whom the liberties of the canons were secured by charter [29]. Her tenure was short, for she in her turn was dispossessed by the Empress Matilda about 1140, and Waltham was restored to Adelicia [30]. She retained it until her death in 1151. It was to her patronage, apparently during her second occupation, that our author owed his canonry and prebend. After her death Waltham was probably left very much to itself, but when Henry the Second came to the throne he settled it on his wife Eleanor, with the usual guarantee of liberties [31]. In her hands it remained until the conclusion of the History.

20. Our account of the succession of the spiritual superiors of Waltham is by no means as complete as the list of patrons; indeed, the authors of the *Monasticon* have recorded only the names of two deans, Henry and Wido [32]. Our author, however, and the chartularies enable us to fill up several blanks in the list. Wulfwin, the dean appointed by Harold, has left no trace of his existence except in these pages and in Domesday Book. Paschal, Dean of Waltham, appears in the Durham obituary [33] as commemorated on the 8th of January. He was probably Wulfwin's successor, and died about the end of the eleventh century, when the connexion between Durham and Waltham was loosened. That connexion did not, however, cease either now or ever

---

[29] App. III. 7, 8, 18.
[30] Ibid. 9.
[31] Ibid. 10.
[32] *Mon. Angl.*, vi. 57; Newcourt, ii. 629.
[33] This obituary was published by the Surtees Society, and occurs also in the Catalogue of the Durham MSS. The following are the entries that refer to Waltham :—

"6 Id. Jan.: Paschalis Decanus et Radulfus Canonicus S. Crucis de Waltham.

"4 Non. Febr.: Walterus decanus.

"12 Cal. Mart.: Bruningus, presbyter.

"*2 Non. Maii: Edricus Canonicus.

"*4 Non. Jun.: Radulfus Canonicus.

"Cal. Aug.: Walterius Canonicus de Waltham.

"*3 Non. Oct.: Wulfricus et Æthelard, et Edwardus Canonici.

"2 Id. Oct.: Haroldus Rex cum suis.

"6 Cal. Nov.: Robertus Canonicus de Waltham."

Those marked thus * are not of course necessarily canons of Waltham, but the probability is great that they are. If this conjecture be right, the Ethelhard commemorated on the 5th of October will be the master of the schools at Waltham.

during the continuance of the college. The same obituary records the name of Dean Walter, of whom we have mention twice or thrice in the records. He was dean in 1108[34]. During his presidency the King granted lands in Epping to Adam the son of Bruning, to be held of the canons at a yearly rent[35]. Bruning was a priest, who had himself held the lands of Waltham[36]. He is commemorated in the same obituary. Adam was afterwards a canon, and the charter in question may have been a grant to him on succession, whilst young, or at least before he had resolved to take holy orders.

21. Our author unfortunately omits to tell us who was dean when he entered the house in 1124. It was perhaps Ernulfus, who made him canon, and died or resigned before 1144. In that year Henry of Blois, Bishop of Winchester and legate of the apostolic see, held the deanery. He occupied the same position at St. Martin's-le-Grand, how it does not appear, as by religion he was a Cluniac monk. One act of his administration remains to us, the adjudication of the tithes of Waltham to the communa of the canons. He attempted, according to our author, to carry off the great carbuncle from Waltham[37]. In the same year, 1144, the canons' houses were burned in an attack upon the town by Geoffrey de Mandeville, who was in feud, amongst others, with William of Albini, Earl of 'Arundel, Adelicia's second husband.

The next dean of whom we read was Richard, a native of the neighbourhood, probably the same who is mentioned as canon in the Great Roll of the Exchequer for 31 Hen. I. He resigned the deanery, and went into religion at Durham, where he was made sacristan. A long story is told of him by Reginald of Durham[38]: taking advantage of his position

---

[34] App. III. 4. note, and 19.
[35] Ibid. 19.
[36] *Mon. Angl.*, vi. 63.

[37] Ch. 13.
[38] Regin. Dunelm., *de Admirandis S. Cuthberti virtutibus*, p. 212.

in charge of the relics, he transmitted a very little rag of
St. Cuthbert's clothing to his sisters Edith and Agnes, who
were nuns at Cheshunt. Robert, a clerk of Waltham, and
a relation of the ex-dean, was a prey to the gout. Hearing of the relic in possession of the nuns, he ordered himself
to be conveyed in a boat to Cheshunt. Queen Edith's cup
was filled with water, and the rag dipped in it: the water
had no power to moisten the rag, but was itself gifted
with curative power; the clerk drank the water, and within
three days was restored to health.

The date of Richard is not fixed, but as Reginald, who
wrote about 1172, describes it as "tempore moderno," it
was probably not earlier than 1160.

22. Soon after we find Wido Ruffus dean. In 1164 he
was one of Henry the Second's ambassadors to the Pope at
Sens [39]. He seems to have been an opponent of St. Thomas
of Canterbury, who in 1168 threatened to excommunicate
him [40]. He was evidently a man of much secular business,
if not, as the Augustinians represented him, of a vicious
life. In 1174 Richard, Archbishop of Canterbury, came
to Waltham, and suspended him in his absence without a
hearing [41]. He had been impeached on several serious
charges, and probably thought it best to keep out of the
way. Two years later [42] he asked leave to resign the
deanery, and subsequently allowed the King to use him
as an instrument in the change he proposed to effect at
Waltham [43].

Henry had vowed, as a part of his expiation for St.
Thomas's death, to found a new monastery. Money was
scarce with him, and he did not scruple to evade the whole
spirit of his vow by fulfilling it at the expense of our canons.
He determined, as had been done in several cases since the

[39] Diceto, 537; Gervas, 1394
[40] Epp. S Thomæ, 84, 108, 118,
157.
[41] Diceto, 583.
[42] Diceto, 598; Gerv., 1434;
ton, 1118.
[43] Diceto, 598.

beginning of the century, in the idea that it was a merito-
rious act, to turn the secular canons into regulars. Wido
was quite willing; the canons, very much to their grief, if
we may believe our author, were obliged to give way. The
sequel may be told in the words of the history of Henry II.,
ascribed to Abbot Benedict of Peterborough :—

"Adveniente autem vigilia Pentecostes (1177) venit Dominus
Rex usque Waltham et eodem die Walterius, Roffensis episcopus, missus ex parte Ricardi Cantuariensis Archiepiscopi et
Gilbertus Londoniensis Episcopus et Johannes Norwicensis episcopus et Hugo Dunelmensis Episcopus illuc ad Regem venerunt
et eodem die sc. 3 Id. Jun. et Festo Sancti Barnabæ Apostoli,
præfati Episcopi per Regis præceptum et Alexandri summi Pon-
tificis mandatum et Ricardi Cantuariensis Archiepiscopi con-
sensum introduxerunt in Ecclesiam Sanctæ Crucis de Waltham
Canonicos Regulares quos ipse Rex elegerat de domibus Canonicorum Regularium regni sui, sc. 6 canonicos de Abbatia
Cirecestriæ et 6 de Ecclesia Osneiensi, et 4 de S. Osis, et statim
per consilium prænominatorum præsulum Rex constituit de
eisdem canonicis unum Priorem et alium Celerarium et tertium
subpriorem prout ordo eorum poscebat. Huic quidem ordina-
tioni interfuit Guido Ruffus qui fuerat Decanus ejusdem Ecclesiæ
de Waltham, cui et Dominus Rex dedit in excambium Decanatus
sui de Waltham, quoddam Manerium de dominico suo cum
pertinentiis suis et carta sua illud ei in vita sua tenendum confirmavit. Interfuerunt etiam fere omnes canonici sæculares
ejusdem ecclesiæ de Waltham quibus Dominus Rex dedit excambium de Præbendis suis ad valentiam earundem Præben-
darum, et qui excambium de Præbendis suis recipere noluerunt
concessit Dominus Rex coram prædictis Episcopis ut præbendas
suas tenerent quamdiu vixerunt, ita quod post eorum decessum
præbendæ suæ rediissent ad usum Canonicorum suorum regu-
larum quos ibi constituit"."

[LIST OF DEANS.

1060. Wulfwin, chaplain to Harold: see ch. 15; Domesday
Book, i. 58.

Paschal: Ob. Durham.

<hr>

⁴⁴ Bened., Pet. ed. Hearn, MS. Harl., 4321; Bromton, 1119.

c. 1108. Walter : see App. III.
c. 1140. Ernulf : see ch. 25.
c. 1144. Henry of Blois : see App. III. ; ch. 13.
c. 1160. Richard.
 1164. Wido Ruffus, res. 1177.

CANONS.

 1060. Athelard of Liège.
 1066. Osgod Cnoppe.
   Ailric Childemaister. } ch. 20.
 1108. Aldwin.
   Geoffrey, chaplain to the Queen. } App. III.
 1130. Alured. } Mag. Rot. Scacc. : 31 Hen. I.
   Richard.
   Master Peter : ch. 25.
 1136. Brian Bainard : ch. 26, and Mon. Angl., iv. 149.
 1144. Robert filius Walteri.
   Adam filius Bruningi.
Inc. an. Radulfus : Ob. Durh. Jan. 13, and Mon. Angl., iv. 149.
   Robertus : Ob. Durh. Oct. 27.
   Walter : Ob. Durh. Aug. 1.]

23. The canons during their tenure of Waltham had added little to the original endowment. The principal bene-factions may be discovered from Henry's charter to the abbey : they were the meadows adjacent to the canonical houses, by name Normade, Chelnoseie, and Greater and Lesser Ward ; a meadow that Philip de Swinehey had given them ; others given by Geoffrey the Cupbearer of Enfield, Alexander of Enfield, Portehors, and the wife of Gilbert of Hillifeld, the tithe of hay on the demesne of Waltham, and the Mills.

In Epping they had acquired the land of Helyoth ; in Nasing the tithe of Langrich ; the gift of Humfrey Bar-rington is also mentioned, land at Lamburne and tithe of Purlai. In Dunton, the chamberlain had given land [45].

    [45] Henry's Charter, *Mon. Angl.,* vi. 63, 64.

The estates of Hitchin and Lambeth have already dis-
appeared from the rent-roll.

Besides these lands, we know from John of Salisbury [46]
that they had claims in Walthamstow, and we have already
referred to their property in London. The church of
Geist, to which two of the charters in Appendix III.
refer, was a gift to the abbey some years after the alteration. The charters appear to have been inserted in consequence of their dates, but contain no reference to the
canons.

24. As we do not know our author's name, what little
we are able to learn of him is drawn from his book. Since
he entered the house at five years of age [47], continued in it
fifty-three years [48], and was expelled in 1177, he must have
been born in 1119, and commenced his education in 1124.
For two years he was in association with the Sacristan
Turkill [49], from whom he heard all that was marvellous
and legendary in the story of the founders [50]. He was
brought up in the school of the college under Master Peter,
the son of Athelard [51]. In time he became a thuribula-
rius [52], trebler, or censing chorister, and was in his weekly
turn when the miraculous cure of Matthew took place.
As he would not be more than fourteen, we are enabled
to approximate to the date of that event. It must have
been not later than 1133. He was made a canon early
in life, for in 1144, when the houses were burned, he was
one of the sufferers [53]. He owed his promotion to Dean
Ernulf and Queen Adelicia [54]. Supposing the restoration
of the latter to have occurred in 1141, when the Empress
was decidedly in the ascendant, the date would fall between
1141 and 1144. His youth would be no objection, if in
this church, as in St. Paul's, it was intended that there
should be always canons of the three orders of priest,

[46] Ep. 84.   [47] Chap. 25.   [48] Chap. 11.   [49] Chap. 20.   [50] Chap. 20.
[51] Chap 25.   [52] Chap. 27.   [53] Chap. 30.   [54] Chap. 25.

deacon, and subdeacon. He leaves us in no doubt of his expulsion in 1177[55], nor, we may remark, does he ever allude to the circumstances which were made a ground for that measure. It is from the Austin canons that we learn that it was for careless and secular lives. Ralph de Diceto evidently thought it a hard case.

25. As to the character of the work, it is perhaps unwise to forestall the judgment of the reader, but it would be unfair to the author to pass it over without a word. It will be seen, both from the foregoing observations and from the notes that accompany the text, how thoroughly to be trusted he is as a faithful reporter of what he saw himself and heard from others. Most of his statements as to the transmission of lands are confirmed by Domesday Book; his incidental references to the general history of the country are verified by comparison with other authorities, and although, by the very nature of the work, conversant with the marvellous, he never overtaxes our credulity in his relations of what he saw himself.

The only exceptions to this general accuracy may be supposed to be three, the legendary history of the foundation and the miracle of the detection of thieves in ch. 24, the story of the bowing of the crucifix at the prayer of Harold, and the miracles which are contained in the concluding chapters. Even for these something may be said. The author is of course in no wise responsible for the story of the cross of Montacute, yet he endeavours to be accurate and exact in his relation of it. Ludgaresbery was the ancient name of Montacute, Tovi was a Somersetshire potentate, his wife was Githa the daughter of Osgod Clapa. We do not know from the charters that Tovi ever was staller, but it is probable at least that he was. Osgod Clapa certainly filled the office at one time. The lands of Waltham are adjacent, in more than one place, to those held first by

[55] Chaps. 11 and 13.

Esegar, and, on his forfeiture, by Geoffrey de Mandeville, just as we should expect to find them if, on Tovi's death, this property was divided between the stallership and Harold. The dream of the Sacristan, and the capricious behaviour of the oxen, are neither of them very far removed from common experience. More fatal than any internal improbability in the story, are the exigencies of chronology; yet they may be overcome on the simple hypothesis that Tovi, whose youth was renewed like the eagle's, was an old man when he married Githa, that Athelstan was his son by a former marriage, and that our author, not knowing the exact date of the marriage, threw the whole story back to the days of Cnut. Of course it is of little use to attempt to reconcile a pure legend with chronology; our author tells the tale as he heard it, and the points in which his account coincides with recorded history are more valuable as shewing his painstaking exactness, than as proofs of an event which, to nine minds out of ten, no amount of evidence would establish. The story of the robbers may be dismissed, in a word, without any hypothesis of a miracle, as the detection of a robbery, such as is common in the experience of us all.

Nor need we trouble ourselves much with the story of the crucifix. Turkill, who must have been very young when he saw the doomed King go out to the battle, must have told the story so often, that he had persuaded himself at last that what his imagination told him would have been a true omen had really happened.

26. The miracles which our author relates as witnessed by himself are five; those of Edith Crikel, Matthew the brother of Crispin, the five Flemings, Humfrey de Barrington, and the Goldsmith. Each of these might have been referred to the simplest natural causes: there was nothing miraculous in a paralytic old woman being choked by a stolen coin, or being made to spit blood by the vio-

lent blow of a strong man between the shoulder blades; the cure of the *Ignis infernalis* may be left to be explained by physicians, the simple facts are that the patient was cured, and that his mother had prayed for him; the five Flemings loaded with plunder could not find their way without detection out of the crowded church and enclosure of the college. It would have been a much greater wonder if Humfrey de Barrington's horse had not been frightened and caused an accident, on being ridden into the church: the temporary blindness of the persons employed in cleansing the crucifix may be attributed to the effects of the acids that were no doubt used in the process. If we view these things in this way, they cease to afford any ground for reflecting on the good faith of our author: if he did not ascribe them to simple causes, he still relates them as he saw them, without inventing wonders; he had been brought up in the belief of the miraculous powers of the Holy Rood, what wonder if he saw miracles in what to other men were strange coincidences? After all, though he may have been mistaken as to the immediate agency employed, does not his very error put to shame the wisdom that sees no more than strange coincidences in such things, while professing to believe in an all-directing Omnipotence?

It may seem absurd to say so much in vindication of an anonymous, unknown story-teller, but the editor must even plead guilty to a sentimental tenderness for the poor old man who, writing after a cruel ejectment from the house which had been his home for fifty-three years, has not a word to say against his persecutors: there are little touches of a generous and simple nature very easy to be discovered in his narrative, and there is, above all, that careful attempt to be true and accurate, which is greatly to be desired in authors of much wider fame and greater pretension. These ought not to be undervalued.

27. The work is here printed from the Cotton MS.

Julius, D. 6, collated with, and corrected by, the Harleian copy, Harl. 3776. Both are apparently copies from one original; the latter made some years later than the former, by a scribe belonging to the abbey, who has interspersed the text with verses of his own, of infinitesimal value. The Cotton MS. is not much later than the date of the original composition. The Harleian contains also the *Vita Haroldi*, a curious but entirely untrustworthy legend, written apparently to prove that the great King was not buried at Waltham. It is well known, both by Mr. Stevenson's article on Lappenberg in Cochrane's "Foreign Quarterly Review" for June, 1835, and from its being in great part printed in Michel's *Chroniques Anglo-Normandes*, vol. ii. pp. 143—222.

Our MS. has been always well known to antiquaries, and is quoted in so many local histories that it would be a useless labour to recount them. The chapters 14 to 22 inclusive, are printed in Michel's *Chroniques Anglo-Normandes*, vol. ii. pp. 223—254.

No liberties have been taken with the spelling, further than the uniform substitution of *æ* for *e*, *i* for *y*, *v* for *u*, where required, and of *t* for *c* in the terminations *tium*, &c.

Navestock, Dec. 27, 1860.

CONTENTS OF CHAPTERS.

[a] Ecclesiam in margin.

TRACTATUS DE INVENTIONE SANCTÆ CRUCIS NOSTRÆ, &c.

---

1. *Qualiter fabro præceptum est per visionem ut sacerdos indicat parochianis jejunium, montis cacumen ascendant, fodiant et inveniant crucem.*

REGNANTE Cnuto[1] et Anglis imperante, in loco qui dicitur Mons Acutus, quem Lutegaresberi[2] compatriotæ appellant, vitam agebat in opere fabrili vir magnæ simplicitatis et bonæ indolis, vir sine malitia timens Deum et recedens a malo[3], (quales diligit Deus et sancto respicit pietatis intuitu,) inter mediocres conprovincialium catervas, bonæ existimationis et benignæ conversationis. Cujus instituta vitæ et morum respiciens, dulcis ille et puritatis amator Jesus, qui archana prudentibus et sapientibus abscondita revelat parvulis[4], voluit per ipsum thesaurum diu absconditum gentibus intimare, et humilium benignus amator humili præcone humilitatis Suæ insignia detegere. Hujus igitur cognita fidelitate et morum venustate, commissa est ei cura amministrationis aquæ, ignis et luminarium ecclesiæ parochialis a sacerdote in eadem divina celebrante, qui non solum opum habundans communium, verum etiam morum honestate præcellens, et sanctitatis habitu mores informante, exemplar continentiæ fuit sacerdotibus,

---

[1] There is a difficulty with regard to this date. The writer seems to have thought that the discovery and translation of the cross took place before the death of Cnut, (cf. ch. 13,) and either to have been ignorant, or to have forgotten, that the marriage of Tovi with the daughter of Osgod Clapa only took place in 1042. It is, however, possible that some length of time elapsed between the discovery and the translation, or between the translation and the decoration of the cross by Glitha, ch. 14, q. v.

[2] Montacute in Somersetshire. "I redde in the boke of the Antiquities of Glessenbyri, that this town was caullid in the Saxons tyme Logaresburch."— *Lel. Itin.* ii. 52; *ap. Mon. Angl.* v. 165. The passage occurs in William of Malmesb., *De Antiq. Glaston.*, ed. Gale, p. 306: "certe Logpor is pro certo asseritur esse, de cujus nomine Logperesbeorh dicebatur, qui nunc mons acutus dicitur."

[3] Job i. 1.

[4] St. Matt. xi. 25.

B

et formula vitæ. Denique faber prædictus ille officialis ecclesiæ, cum nocte quadam membra sopori composuisset, fessus opere fabrili, ut assolet, (qui scilicet labor indefessus quanto magis ossa concutit, et omnia membrorum liniamenta dissolvit, tanto vehementiorem sompni profundioris quietem incutit :) sompno itaque deditus vidit per sompnium, enimvero ut verum fatear, sed per visionem, venerandi decoris effigiem, quam intuitus quasi clara luce, tremefactus subito insolito eventu, audivit dicentem ; " Summo mane cum sol mundo illuxerit et evocaverint te debitæ amministrationes ecclesiæ, dic sacerdoti, divinæ voluntati placere, quatenus excitis undique parochianis suis· utriusque sexus, moneat paterna exhortatione omnes se jejuniorum, orationum, et confessionum ornamentis venustare, ut piorum applicatione studiorum digni inveniantur, cœlestium revelatione munerum, gratiam consequi : sicque admoniti cacumen ordinata processione ascendentes, terram fodiant donec divini muneris exhibitione inveniant thesaurum a sæculis absconditum, crucem scilicet sanctæ Domini passionis signum."

2. *Qualiter iterum apparuit fabro imago increpans eum quia injuncto non obedivit mandato.*

Evigilans igitur vir ille et animo volvens quid vidisse per sompnium sibi contigerit, aliquandiu confortatus, quia visione delectatus, tandem quasi vana imaginatione illusum se putans, nichili pendit jussa complere. Elapso itaque temporis diuturniori spatio, iterum quiescenti fabro apparuit per sompnium eadem imago, torviori quidem vultu, plus solito increpans, et quadam facilitate objurgans, cur injuncto non obedisset mandato. Ad quam, cum prætenderet excusationis formam, presbyterum, magni nominis et multarum opulentiarum affluentiæ virum, indignaturum hujuscemodi mandatum suscipere per tantæ humilitatis et pannosæ vilitatis personam, accepit responsum, " Nichil quidem veritus accedas ad sacerdotem, et injuncta tibi mandata per ordi-

nem pandas, quod si ultra distuleris mcritas inobedientiæ
exsolves pœnas." Hiis dictis disparuit.

3. *Qualiter consilio uxoris suæ mandatum non explevit.*

Evocatus igitur a sompno simplex ille idiota (quales Deo
placere credimus,) uxori suæ quæ viderat jam primo et secundo narravit ex ordine, sed illa, ut assolent fatuæ mulieres, faciles quidem in dandis indiscrete consiliis, sompniis
fidem habere non censet, visionem non discernens, quia
non fuit ei datum desuper, unde omne datum optimum et
omne donum perfectum [5]. Sicut ergo consuevit humana
fragilitas dissuasioni in hiis quæ Dei sunt aurem facilem
præbere, adquievit uxori. Inobediens quidem injuncta non
explevit; non tamen impune tulit, ut ipsa vexatio monimentum esset auditui, et asperitatem sentiret corripientis,
qui mansuetudinem contempserat dulciter ammonentis.

4. *Qualiter tertia vice imago apparuit fabro et brachium ejus strinxit.*

Apparens ei itaque tertio, sanctæ devotionis imago,
aspero quidem vultu, intentans minas, et minis aliquid
formidolosum superaddens ex injuncti dilatione præcepti,
(nam brachium ipsius fabri manu apprehendens ita fortiter
strinxit, ut unguium præacutorum vestigia manifestis ap-
parerent vestigiis, et movendis malleis minus apta foret ap-
titudo lacerti,) cui et dixit " Nisi asinino more lacessitus,
stimulo urgente, non elegisti injuncta tibi mandata per-
agere, nunc tandem quasi mancipium fustigatus obedias, et
evidentia signorum carni tuæ impressorum manifestare po-
teris, quod nostris habenda sit fides mandatis." Experge-
factus igitur a sompno, cum terrore sompnii, cum acris in-
stantia strictionis, currit ad ecclesiam, trepidus quia pavebat
subsecuturos deteriores eventus, quod viderat primo secundo et tertio sacerdoti narrans, exarationes etiam unguium quæ factæ fuerant ei in monimentum. Cujus verbis

---

[5] St. John iii. 27; St. James i. 17.

presbyter satis credulus, humi protinus devotus sternitur, lacrimarum ubertate et sinceri cordis devotione orans, ut secundum multitudinem miserationum gratiæ Domini quæ audierat rerum exitus probaret, nec peccatis exigentibus suis vel alienis, fraudaretur executione tantorum bonorum, sed ex perceptione præsentium munerum firmior sit expec-. tatio futurorum, et glorificaretur et innotesceret nomen Domini in sæcula sæculorum.

5. *Qualiter sacerdos convocavit parochianos.*

Surgens itaque et cum omni festinatione convocans populum utriusque sexus et minores natu, monet, ut pari voto, unanimi consensu, Domini misericordiam invocarent, quatinus visitet eos in salutari suo[6] et adoptatæ promissionis, duce Spiritu Sancto, gaudia producere dignetur: commonitorio etiam facto, paterno desiderio, corde contrito et humiliato, cum lacrimarum ubertate sic posse cacumina montis invisere, ut, peccatis non obstantibus, mereantur archanorum sibi promissorum solempnitate participes effici. Hoc jam solatio jocunditatis potiti, die constituto, adest multitudo plebium, non solum indigenarum, verum etiam longe remotarum partium, exultantium suis temporibus illustrari tam singulari miraculo provinciam, unico dolore contriti, quod in ultimis tunc terræ finibus degeret qui præerat provinciæ, Tovi le Prude[7].dominus fundi.

---

[6] Ps. cvi. 4.

[7] A thane named Tovi, or Tofig, subscribes nearly all the charters of Cnut from 1018—1035. He sometimes appears as Tovi Pruda, to distinguish him from his namesakes Tovi bwita and Tovi reada. About 1038 we find him in Herefordshire on a special mission:—"Tofig Pruda com thær on thæs cinges ærende."—*Kemble, Cod. Dipl.*, 755. In 1042 he married Githa, daughter of Osgod Clapa, at Lambeth:—"Rex Anglorum Heardecanutus, dum in convivio in quo Osgodus Clapa magnæ vir potentiæ, filiam suam Gytham Danico et præpotenti viro Tovio Prudan cognomento, in loco qui dicitur Lamhythe, magna cum lætitia tradebat nuptui .... 6 Idus Junii expiravit."—*Flor. Wig.* i. 196. He or another thane of his name was sheriff of Somersetshire between 1061 and 1066. *Cod. Dipl.*, 821, 837, 839; and compare 728—839, and 1318—1327. Our author represents Tovi as *stallere*, but he does not appear in the charters, so far at least as I am aware, under this title. He appears from Domesday Book to have been a landowner in Surrey, Hampshire, Berkshire, Wiltshire, Dorsetshire, Somersetshire, Devonshire, Gloucestershire, and Lincolnshire.

6. *Qualiter ascendunt Montem Acutum, fodiunt, inveniunt duas cruces, nolam, et librum.*

Ordinata igitur proccssione et omnibus prævise dispositis, imposita letania quæ sic incipit, "humili prece et sincera devotione," præcedente fabro, veniunt ad locum sibi destinatum a Deo, ubi facta oratione et uberrima a plebe lacrimarum effusione, incipiunt fodere, donec effossis xl. cubitis miræ magnitudinis lapidem reperiunt, in cujus medio visa est quasi fissura dehiscens. Amoto itaque tanti lapidis ingenti obumbraculo, non minus fletuum ubertate quam manuum impulsione, quam magna multitudo dulcedinis Tuæ, ✗ Domine, quam huc usque absconderas diligentibus Te, ecce! repente apparuit oculis intuentium,—inestimabilis imago decoris crucifixi Salvatoris ex atro silice, sic manuum extensione et omnium corporis liniamentorum compositione miro fabrili et inaudito opere composita, ut Ipsius Summi Artificis manibus perpendas operatam. Et sub dextro ipsius brachio alteram crucifixi effigiem modicam, in sinistra parte nolam antiqui operis quales bestiarum collo applicare solet antiquitas, ne in desuetione insolescant. Librum etiam cognomento Nigrum [8], textum sicut vix perpendere possumus evangeliorum, quem usque hodie celebrem habet Walthamensis ecclesia, propter quæ ipsi oculis nostris perspeximus miracula. Hiis ita divino nutu præostensis, tam ingentis novitate miraculi videns [9] mentes attonitas, corda nutantia, Domini tamen nomen laudantia et dicentia, "Cantate Domino [10] canticum novum, quia fecit hodie nobiscum mirabilia. Quia terribilia sunt opera tua, Domine virtutum, et nimis profundæ sunt cogitationes tuæ." Quidam retrahunt gressum, reminiscentes præteritorum commissorum, pars pugnis pectora tundit, quidam stupefacti novitate miraculi, quasi extra se facti, quid agant nesciunt. Stupor

---

[8] The MS. Harl., 3766, which, according to the catalogue. professes to contain a fragment of this *Liber Niger*, is of later date than our author.

[9] sic MSs., perhaps for 'videres.'

[10] Ps. xcviii. 1, and Ps. xcii. 5.

enim ingens invaserat omnes. Quæ tunc lacrimarum uberrima flumina per facies viduarum, virginum, necnon et contiuentium, ut imaginarie offerrentur earum lacrimæ, quibus dictum est ' Filiæ Ierusalem [11] nolite flere,' etc. ! Illis quidem justa lameutandi causa, quæ posteritati suæ dampnationem comparaverant dicentes, " sanguis [12] Ejus super nos et super filios nostros ;" nostris vero justa lætandi causa, quæ pretioso Ipsius redemptæ sanguine, inebriatæ ubertate [13] domus Suæ et torrente voluptatis potatæ, quanto flebant uberius, tanto securius, quia hujusmodi fletum sequitur sine intermissione lætitia.

7. *Qualiter mittitur pro domino feodi scilicet Tovi le prude.*

Cum igitur nullus se censeret dignum tantum mani-bus contingere thesaurum, tentoriis circumvallare, prop-ter aeris intemperiem et observationis cautelam, placuit locum, et utriusque sexus personas deputare religiosas, qui vigiliarum excubias devotis agerent obsequiis, donec mi-rabilem rei eventum domino fundi Tovi le Prude qui totius Angliæ post regem primus, *stallere* [14], vexillifer regis, monarchiam gubernabat, nuntiarent. Ille tunc in remotis Angliæ partibus degebat, regiis implicitus negotiis, secun-dus a rege, sicut qui præ ceteris terræ magnatibus curam omnium gerebat, et regi proximus in consiliis et præcipuis regni causis assistebat. Audita itaque tanta exultationis novitate, mente compungitur, lacrimis perfunditur, et ei præ gaudio a senectute et senio, sicut aquilæ [15], juventus renova-tur, et ipsis velocior avibus, ut ita dicam, festinus advolat, ut tanquam pennis eum magis vehi quam equis censeas. Citus advenit; quod auribus insonuerat fidelibus oculis in-notuit; vidit et gavisus est. Accedens itaque ad singulare

---

[11] St. Luke xxiii. 28.
[12] St. Matt. xxvii. 25.
[13] Ps. xxxvi. 8.
[14] Stáller, horsthegn, marshal, comes

stabuli, or constable. See Kemble, Saxons in England.
[15] Ps. clii. 5.

illud nostris temporibus et posteris mirabile monimentum, videns mulieres quasi circa Dominum lamentantes, Ipsum quasi in sepulchro jacentem circumquaque assistentes, sicut in passione finem Ejus expectantes, de infimo cordis singultus eructans in verba prorumpens ait;

8. *Adoratio et oratio ipsius Thovi.*

"Domine Pater, Creator cœli et terræ, qui mundum ex nichilo creasti et omnia quæcunque cœli ambitu continentur, Dominus universorum Tu es : Domine, qui pro salute mundi corpus Tuum et sanguinem Patri in ara crucis hostiam sanctam Deoque placentem exhibuisti, qui spineam coronam pro salute fidelium capiti Tuo applicari voluisti, potatus absinthio [16] et felle, sitim nostræ salutis amaritudine potus illius dulcorasti, quique in illius potus consummatione literam legis novitate Spiritus Tui [17] gentibus innovasti : Te laudo, Te adoro, Te glorifico, Tibi gratias ago, quod me dignatus es tantis beneficiis participem fieri, et terram nostram Tuæ gratiæ beneficio illustrari : exultatio mea, pax et gaudium cordis mei, illustratio spiritus mei, firmitas et compago membrorum meorum, refocillatio animæ meæ, spes et salus vitæ meæ, Tibi gloria in sæculorum sæcula."

9. *Qualiter consilio optimatum decrevit Thovi parvam crucem ibidem dimittere. Et vovit magnam crucem cum ceteris, Londiniis, Wintoniæ, Cantuariæ, Glastoniæ, Redingiis, et stetit plaustrum immobile.*

Quid cordis, quid animi, quid spiritus erat populis hæc audientibus! tremebat plebs omnis velut expectans terribilis buccinæ sonitum invitantis ad judicium! nutabat prædives ille quo transferret condigne hoc mirabile sanctificium! Sedit autem menti ejus, communi optimatum consilio, in vallis planitiem usque in atrium ecclesiæ hæc sacrosancta

---

[16] Lamentations iii. 19.   [17] Rom. vii. 6.

perducere, ut de plano juga boum hiis applicata facilius possint distrahere, quocumque vellet ea dominus fundi transferre. Sicut Domino placuit ita factum est ; sit nomen Ejus benedictum in sæcula. Fessis [18] itaque divinis laboribus et internis gemitibus, heros ille, domini regis vexillarius, post sumptos cibos cum membra dedisset quieti, cœpit instanter et devotissime meditari quid operis, quidve consilii in hiis condigne distribuendis expediat illi. Mane autem eo surgente optimatumque stipato agmine, post celebrationem divinorum, communi omnium consilio decretum est, minorem crucem in ecclesia ibi præsenti dimittere, cetera circumferre quo divinæ voluntati noverint complacere. Plaustro ea inserunt, cum ornamentorum decora varietate jungunt boves xii. rubeos, jungunt et hiis totidem vaccas niveas, boum custodes cum stimulis, armamenta simul eis necessaria quæ non deficiant in via, si transferantur ad loca remota. Facta denique oratione a clero et omni populo, quod det Dominus Spiritum consilii domino Tovi ad destinanda præsentia quo Suæ complaceat voluntati, cum voveret ea dominus Tovi ubi tunc erat archiepiscopatus, Dobernæ, Wintoniæ, Glastoniæ, Londoniæ, et diversis episcopatuum sedibus et abbatiarum Angliæ, stetit carrum quasi fixum nec poterat moveri tractu boum, vel impulsu hominum. Reminiscens tandem cujusdam domicilii sui, in quo plurimum complacuit illi, scilicet Redinges [19], orat Christum profusis lacrimis ut bene placitum sit in oculis ejus transferri ea illuc, tutamen et ornamentum sibi et suis successoribus, et ipse totam daret villam Sanctæ Crucis servientibus, cum omnibus eidem adjacentibus. Stetit plaustrum, trahitur et pellitur, juga boum prioribus adhibentur nec movetur. Spectant attoniti qui affuere, certi hoc sine providentia non agi voluntatis divinæ.

[18] In both MSS. for 'fessus.'
[19] Tovi had lands in Berkshire, as appears from Domesday Book.

10. *Qualiter tandem nominata villa de Waltham, movit se plau-strum, et curatur multitudo infirmorum in itinere.*

Vota votis addit ille heros magnæ celsitudinis, et vo-vendo a celsioribus ecclesiis ad inferiores descendens, non est exauditus, quia reservavit ea Deus alto consilio alteri loco quem digniorem censuit præsentium beneficio. Memor tandem pauperis tugurrii quod ædificare cœperat in loco sil-vestri quod nunc Waltham dicitur; (locus scilicet amœnus, silvis uberrimis circumcinctus, fluvio piscium uberrimo qui Legia [20] dicitur ornatus, amœnitate pratorum fertilium decorus, Londiniis satis propinquus, Thamensi fluvio flumine prædicto influente contiguus,) decernit initiale beneficium, quod jam cœpit, ampliori margine dilatare, si velit ea Deus ad hæc loca transmittere. Mirabile dictu! fide mirabilius! cum insonuisset nomen Waltham, ilico movit se plaustrum, ita ut magis plaustrum boves impellere, quam ipsos boves plaustrum trahere censeres. Gaudio percelluntur corda fidelium, et felici ducatu insequentes imaginem Crucifixi, exultant successibus quos operatus est Deus, beneficio præ-stito languentibus. Nam ut primi patres qui affuerunt filiis suis memorabile reliquerunt, et nos successive ab illis didicimus, et firma fide tenemus, a motione plaustri usque ad decessum in Waltham crucifixi, infinitis reparatio sani-tatis ex diversis languoribus restituta est. De quibus lxvi. qui se voverunt usque ad consummationem vitæ servituros Sanctæ Cruci, in primis instituta est villa Walthamensis: nam antea nichil erat in loco nisi vile domicilium ad suc-currendum cum causa venandi accederet illuc heros ille. Habebat enim in confinio illius loci prædia multa, Enefelde [21], Edelmetun [22], Cetrehunt [23], Mimmes [24] et baroniam quam nunc habet comes Willelmus de Mandevile [25] et multo hiis ampliora sed hunc locum se elegerat propter habundantiam

---

[20] The Lee. [21] Enfield. [22] Edmonton. [23] Cheshunt. [24] Mimms.
[25] Earl of Essex, 1167—1190. Morant, ii. 546. *Se elegerat* is everywhere in the MS. used for *selegerat.*

ferarum silvestrium, summæ quieti. Hanc villam fundasse,
et hiis lxvi. viris primo instituisse, accepimus a patribus nostris, deinde successive crevit usque ad præsentia tempora,
sicut videre possunt qui nunc extant.

**11. *Qualiter exivit sanguis de brachio dextro, quum laminam
clavo firmare voluerunt.***

Ab hujus crucis inventione transeundum est ad ipsius
exaltationem, quia semel humiliatus Deus et Homo usque
ad infima mundi, postea ascendit ad summa fastigia cœli,
ubi cœternus Patri residet ad dexteram Ipsius, regnans
et imperans, judicans vivos et mortuos, et sæculum per
ignem. Audivimus autem huic exaltationi, a nobili viro
Tovi excitos ex diversis regni partibus, multos heroum
evocari, ut huic interessent solempnitati, ut mercrentur
participes exaltationis fieri, quibus non datum est in-
ventioni. Multiplici igitur opere fabrili gemmarum, auri,
et argenti præmunierat se gloriosus heros ille Tovi, quo
redimire posset Corpus Crucifixi, sed a sæculis inauditum
contigit memorabile factum, nam et in ornatu apponendo,
dum primo clavo firmare vellent in brachio dextro laminam ad hoc (fictilem [26]) ductilem, exivit sanguis ex silice [27],
cernentibus cunctis qui aderant, et mirantibus Dei virtutem et ineffabilem potentiam, qui de silice aquas pro-
ductiores elicit, qui grana frumenti et expressionem botri
transformat in Corpus Suum et Sanguinem, qui de arbo-
ribus et fructicibus fructus producit, et de silicibus ignem ;
sed satis admiratione dignum inveniet qui facta ejus mirabilia mirari contendit. Sanguinem hunc, de silice elicitum
Dei nutu, et in lintheamine corporali susceptum, nos videre
et in capsa argentea repositum, miseratione divina meruimus, quos a teneris annis educavit ecclesia Walthamien-
sis liii. annis [28], et in gremio suo literalibus instruxit disci-

---

[26] corrected.
[27] Cf. William of Malmesbury, De
Antiq. Glaston., ed. Gale, p. 304.

[28] It appears from this that the writer
was one of the canons who were other-
wise " provided for" at the new founda-

plinis. Me miserum quod datum est videre in hac vita, quod separer ab uberibus matris meæ!

12. *Adoratio Thovi et donaria eius, scilicet Waltham, Hicche, Lukelune, &c., cum ense quo erat accinctus miles.*

Admiratione igitur tanti miraculi stupefactus est Tovi, indignum se censens visione tali, publicano [29] similis, qui nec oculos audebat ad cœlos levare, reminiscens etiam quod si iniquitates nostræ contenderint contra nos, et observaverit eos Dominus, non justificabitur [30] in conspectu ejus omnis vivens homo, nec infans cujus est vita unius diei super terram,—deposito insigni quo induebatur habitu, et sacco vestitus, more pueri balbutientis, cœpit manibus et genibus reptare ad locum, ubi memorabilis jacebat imago crucifixi, ad quam voce lugubri, corde contrito et humiliato non sine multa lacrimarum effusione, ita exorsus est. "Adoro Te Christe pendentem in ligno pro salute fidelium, quod michi representat præsens istud exemplar Tuæ passionis : adoro Te, Domine, infernum visitantem et in sanctis animabus inferos triumphantem, adoro Te a mortuis resurgentem, morte Tua mortem fidelium consummantem, adoro Te in cœlum ascendentem ad consessum Patris et abinde Spiritum Tuum in corda discipulorum et eorum pure sequacium mittentem : Tibi laus, Tibi gloria, honor perpes et imperium sit in sæcula sæculorum. Me tibi devotum constituo, quæcumque mancipia, quocumque modo adquisita, libera tibi imperpetuum trado, villam præsentem scilicet Waltham [31], et Chenleueden [32], Hicche [33], et Lamhee [34], Lukentuñ [35] et Alwaretuñ [36], ad sustentamentum Tibi servituris in

tion in 1177. The date would thus fix the time of his admission into the college at 1124, and his birth 1119. See ch. 13.

[29] St. Matt. xviii. 13.
[30] Ps. cxxx. 3; cxliii. 3.
[31] The Waltham with which the canons were endowed was West Waltham in Berkshire.
[32] Kelvedon. There are two Kelve-

dons in Essex; but the name of Tovi does not appear in connexion with either.

[33] Hitchin, Hertfordshire.
[34] Lambeth in Surrey. See the boundaries in King Edward's charter.
[35] Loughton, Essex.
[36] Alvertun, in the Hundred of Ongar, in Essex, now forgotten.

perpetuum do," et hiis dictis, ensem quo primo fuerat accinctus miles factus, circumcinxit imagini, amodo milita-
turus Illi; et applicato eo super crucem ligneam laminis
argenteis fecit involvi, quod se clavis nullo modo permisit
infigi.

13. *Qualiter Glitha uxor Thovi dedit coronam auream, circulum,
et suppeditaneum, cum lapide.*

Uxor [37] autem ejus, Glitha nomine, filia Osegodi Scalp,
viri venerabilis et ditissimi, mulier religiosa et sanctis ex-
ercitiis dedita, mirifico ex proprio sumptu artificio forma-
tam capiti illius circumdedit coronam, ex auro obrizo [38], et
lapidibus pretiosissimis obstructam, ob memoriam. spincæ.
coronæ, cujus punctiones et obprobria passus est pro nostra salute. Circulum quoque insignem ex auro purissimo
quali tunc temporis utebantur nobilissimæ matronæ, circumcinxit ejus femori, mirifico lapidum ornatu constructum, et
ex eodem auro subpedaneum ex monilibus et armillis su's
compactum, in quo et lapidem infigi præcepit, qui furva
nocte obductis luminaribus, radios emittit, ut circumstan-
tibus possit lumen subclarum ad notitiam discernendarum
rerum præbere. Hunc centum marcis emere, et Wintoniam
transferre cupivit Henricus [39], episcopus illius ecclesiæ, tunc
quidem decanus noster, sed in veritate quæ Deus est, nec
illud, nec minimam ornamentorum portionem, permisimus
ab ecclesia transferri, licet modo peccatis nostris exigentibus,
inter infimos regni clericos, dampnationi regio edicto simus
deputati. Novit tamen Dominus qui sunt Ejus, novit grana,
novit paleas, sed cum triturabitur area, reponentur grana
in apothecam [40] ventilatis paleis, reponetur vinum ejectis
vinatiis [41], horreis mandabuntur legumina ejectis siliquis.

---

[37] Called by Florence of Worcester
Githa, daughter of Osgod Clapa. See
note on ch. 6. Osgod Clapa was out-
lawed in 1046, and died in 1053.
[38] ὄβρυζον, pure gold. The gold-
smiths' work of the English was a
source of astonishment to the Normans.

Ord. Vit. iv. 2.
[39] Henry of Blois, Bishop of Winchester, administered this church as
dean about 1144.
[40] St. Matt. iii. 12; 2 Tim. ii. 19.
[41] *Vinaceis*, grape-stones and skins.

14. *Defuncto Thovi successit filius ejus Adelstanus qui amisit Waltham, quam adeptus est comes Haraldus per sanctum Eadwardum.*

Elevata igitur cruce solempni, et cunctis circa eam rite dispositis, presbyteros duos instituit, cum reliquis clericis, Deo ministraturos in ecclesia, quibus et ipse devotione comes effectus cum uxore nobili non destitit, toto tempore vitæ suæ eam auro et argento, ornamentis quoque pretiosis indesinenter ornare. Tandem consummatus in brevi exple- ✗ verat tempora multa, cui successit filius ejus Adelstanus [42], pater Esegari qui stalre inventus est in Angliæ conquisitione a Normannis, cujus hæreditatem postea dedit conquisitor terræ, rex Willelmus, Galfrido de Mandevile, proavo [43] præsentis comitis Willelmi. Successit quidem Adelstanus patri suo Tovi, non in totam quidem possessionem quam possederat pater, sed in eam tantum quæ pertinebat ad stallariam, quam nunc habet comes Willelmus. Amplas enim sibi conquisierat possessiones Tovi, præter hæreditatem propriam, tum indita ei sapientia, qua præcipuus erat inter primos terræ, tum quod in consiliis domini regis primus prodesse

[42] Ælfstan who was *stallere* about 1044 (C. D. 773), may be this Adelstan; but our author's account of Tovi's family is not easy to reconcile with facts; and he seems, as before remarked, to have supposed the translation of the cross to have taken place in the time of Cnut. It is not necessary to suppose that Adelstan was the son of Githa, but it is curious to find Esegar *stallere* as early as 1044, (Kemble, C. D., 872,) two years, that is, after his grandfather's marriage. He appears as "regiæ procurator aulæ," i.e. *dapifer*, in the charter of Waltham, and as staller down to the Conquest. There were several *stalleres* at one time. C. D., 822. Esegar was a great landholder in the time of King Edward: the statement of our author, that Geoffrey de Mandevile received his estates from the Conqueror, is borne out fully by Domesday Book.

[43] The pedigree of the Mandeviles is as follows:—

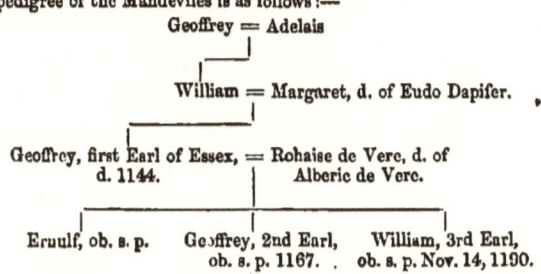

Geoffrey = Adelais

William = Margaret, d. of Eudo Dapifer.

Geoffrey, first Earl of Essex, = Rohaise de Vere, d. of
d. 1144. Alberic de Vere.

Ernulf, ob. s. p. | Geoffrey, 2nd Earl, ob. s. p. 1167. | William, 3rd Earl, ob. s. p. Nov. 14, 1190.

poterat vel obesse quibus volebat, tum quod domini regis qui
multa ei de proprio suo contulerat, habere meruit [44 gra-
tiam]; sed degenerans a patris astutia et sapientia, filius
multa ex hiis perdidit, et inter cetera Waltham, quam defuncto Cnuto et Hardecnuto ejus filio, cum imperaret Anglis
et regni regimen suscepisset, beatæ memoriæ rex Edwardus,
dedit comiti Haraldo, comitis Godwini filio, fratri etiam
beatæ memoriæ Edithæ Reginæ, qui armis strenuus, procero,
corpore et inestimabili strenuitate, forma etiam pulcritudinis
præcellens cunctis primatibus terræ, regis manus dextra, et
sapientia præditus, et artium omnium quæ decent militem
gnarus, se virum agebat præclarum per omnia. Nec dero-
gare credimus ipsius excellentiæ quod prædecessoris sui,
(s. Tovi,) imitator effectus in Sanctæ Crucis veneratione, collata ei beneficia firma et illibata manere constituerit, præsertim cum sæpe viderimus prædecessorum opera, successoribus invisa, debilem statum obtinuisse. Nam toto tempore vitæ ipsius, quasi uterinus filius ecclesiæ factus, opibus
eam ditare, donariis augere, auro, argento, et gemmis præ-
fulgentem exhibere sategit, præsertim reliquiarum [45 multi-
plicitate] quatenus poterat prece vel pretio, in diversis ter-
rarum partibus non segnis conquisitor fuit. Gratiam enim
domini regis et omnium prædivitum terræ, tam ecclesiasticorum, quam laicorum, ita singularem adquisierat, tum
gratia Reginæ sororis suæ et patris eorum, qui successerat
Tovi in regimine totius Angliæ post regem consiliis, et astutia
et legum terræ peritia, tum quia se talem gerebat quod non
solum Angli, verum etiam Normanni et Gallici imprimis
invidebant pulcritudini et prudentiæ, militiæ et sagacitati;
quem indigenæ præ ceteris postulabant et ardenter sitie-
bant post sanctum regem Edwardum, ipsius morum et vitæ
hæredem. Quod quidem divina miseratione processu temporis videre meruerunt qui tunc præsentes fuerunt.

---

44 Insert. in marg.　　　　　45 Marg.

15. Haraldus adauxit possessiones; distinxit xii. prœbendas;
fecit decanum; victualia ordinavit.

Duobus igitur prædictis clericis quos instituerat Tovi
le Prude in ecclesia Walthamensi, vir ille strenuus comes
Haraldus x[i.] [46] sociavit alios viros prudentes, literatos, se-
lectos a communibus, inter præcipuos terræ diligenter ex-
quisitos, inter quos Theothonicum quendam, divino munere
et inexperato sibi collatum, magistrum Atdelardum [47], Leodi-
censem genere, Trajectensem studii disciplina, adhibuit, quatinus leges, instituta et consuetudines, tam in ecclesiasticis
quam in sæcularibus, ecclesiarum in quibus educatus fuerat,
in ecclesia Walthamensi constitueret ; quum multorum relatione didicerat, ordinatissima distinctione regi Theutonico-
rum ecclesias ; ut siquid dignum ultione vel correptione inter
clericos oriretur, a decano ecclesiæ sive ab ipso magistro
Athelardo, excessus acri verbo, enormitates flagello [48], inma-
nia etiam peccata ipsius præbendæ privatione, multarentur.
Quod et prædecessorum nostrorum temporibus inolevisse et
usque ad tempora pueritiæ nostræ perdurasse non ambigimus. Hiis autem xii. clericis perhibetur comes ille Wlwinum
decanum præfecisse, virum religiosum, moribus illustrem,
doctrina literali venustum, speciali castitatis prærogativa
fulgentem, qui cum magistro Adelardo ecclesiæ statum ita
distinctum ordinaverunt ; unicuique assignata est portio
sua in præbendam, ut, deductis expensis quæ fratrum victualibus exhibere debebant, quod residuum erat in proprios
usus, loco præbendæ, cederet. Sunt autem hæ portiones
quas in usus ecclesiæ assignavit comes Haroldus, una cum

[46] xi. Harl., x and i in paler ink Cott.
[47] According to the *Vita Haroldi*,
Ailard was sent by the Emperor to cure
Harold of paralysis, and effected the
cure by means of the holy cross of Waltham. In consequence of this he appointed Ailard master of the schools.
V. H., ed. Michel, 161. Our author's
expression rather savours of this tradition. A story is told in the Metrical

Life of Edward the Confessor, of a miracle wrought by the saint after his death,
in curing Harold of the gout in the leg.
The two stories may point to the fact
that Harold was afflicted with that com-
plaint.
[48] Compare the correction administered to the devil at Hereford,—" Teu-
tonice vapulaverunt,"—Barth. Cotton,
ed. Luard., p. 428.

Tovi, ad victualia canonicorum per omnes anni septimanas,
ut unusquisque firmas debitas de maneriis suis temporibus
solveret: Decanus pro Walda[49] et Passefelda[50] et Alriche-
sea[51], xix. ebdomadarum firmas: Præbenda de Netleswell[52],
vii. firmas, et ii. dies; Alwaretona[53] iiii. septimanas et
ii. dies; Upmenstī ii. septimanas et ii. dies; Wdeford[54]
ii. septimanas; Luketuñ[55] unam septimanam et unum diem;
Tipendeñ.[56] ii. sept.; Brichendon[57] ii. sept.; Decano cessit
præ ceteris West Waltham[58], ut aliis in eo præcelleret qui
primatum et regimen ceterorum habebat, in victualibus
etiam aliquantisper magis auctus, quia pluribus habebat
benefacere quam simplex canonicus. Erat enim distincta
sic uniuscujusque portio in septimana: a sabbato usque
ad sabbatum, cotidie ii. panes albissimi, tertius [[59] minus]
albus, hii tres certe sufficientes discrete vi. hominibus in
prandio uno. Sex bollæ cervisiæ apte sufficientes in cœna
una x. hominibus; cotidie vi. fercula, unumquodque diversi
generis in profestis diebus. In festis vero diebus primæ
dignitatis tres pitantiæ unicuique, in festis secundæ dignitatis duæ, in festis tertiæ dignitatis i. Erant autem tales
pitantiæ unicuique canonico: a festo Sancti Michaelis usque
ad caput jejunii aut xii. merulæ, aut ii. agauseæ[60] aut ii. per-
dices aut unus phasianus, reliquis temporibus aut aucæ[61]
aut gallinæ. In præcipuis festivitatibus anni, Natali, festo
Paschali, et Pentecosten et duobus festis Sanctæ Crucis,
unicuique vinum et medo. Collati sunt etiam in aucmentum

[49] South Weald, in the Hundred of Chafford.
[50] Passfield, or Paslow, in High Ongar, continued in the Abbey until the Disso-lution. *Morant.* i. 122.
[51] Arlsey, Bedfordshire: mentioned in Domesday Book as the Bishop of Dur-ham's land, held by Waltham in King Edward's time. It was, however, re-stored and confirmed to the Abbey by Henry II. and Richard I.
[52] Netteswell, in the half-Hundred of Harlow, Essex.
[53] Essex, in the Hundred of Ongar;

present name unknown.
[54] Woodford, in Becontree Hundred.
[55] Loughton, in Ongar Hundred: it appears in Domesday as in Becontree Hundred.
[56] Said by Morant to be Epping, i. 40, but it can hardly be correct, as it is mentioned in Domesday Book as a dis-tinct place.
[57] Hertfordshire.
[58] Berkshire.
[59] In marg. and in Harl.
[60] *Agace*, a magpie (?) *Ducange.*
[61] Geese; *Ducange.*

prædictorum, unicuique canonico redditus xl. soł ad vestimentorum suppletionem, quod Anglice *Sruland*[62] vocatur; et
in eadem villa Waltham, unicuique xv. acræ assignatæ quæ
Northlandc[63] vocantur, ut e vicino sibi gaudeant commodi
aliquid habere, quoniam coteri redditus, in partibus distincti
remotioribus, non eis proveniebant de facili. Præterea unicuique canonico xl. soł de obventionibus altaris et deci-
mationum nomine communæ[64]. Multa etiam et alia quæ
enumerata tædium auditoribus generarent. Sed transeundum est ad magis necessaria.

16. *Quæ vasa, quæ ornamenta, dederit Haroldus, et dedicari fecit*[65].

Cum autem hiis vir ille venerabilis ecclesiam ditasset
beneficiis, gaudens prærogativo sibi collatum munere, quod
non esset secunda huic in regno ecclesia, in tam decenti
amministratione ecclesiasticorum beneficiorum, vel honesta
fratrum conversatione, cœpit eam interius multis decorare
muneribus. Venusto[66] enim admodum opere a fundamentis
constructam [[67] ecclesiam], laminis ærcis, auro undique su-
perducto, capita columpnarum et bases flexurasque arcuum
ornare fecit mira distinctione artificis; xii. etiam imagines

[62] Shroud-land : land set apart for providing clothes for the canons. Scru-land, Harl.

[63] "Unde ecclesiam villæ antiquitus dotatam invenit."—*Charter of Edward.* This was alienated by Bishop Walcher, and restored by Queen Matilda. It contained two hides and a-half. See the Charter in the Appendix.

[64] "Quicquid ex bonis alicujus Cathedralis ecclesiæ canonicis in commune distribuitur."—*Ducange.*

[65] Ecclesiam in margin.

[66] The parallel passage from the *Vita Haroldi* is "Jaciuntur festinate ecclesiæ amplioris fundamenta, surgunt parietes, columnæ sublimes distantes ab iuvicem parietes arcuum aut testudinum emicycliis mutuis fœderantur, culmen impositum aeris abintrogressisplumbei objective laminis variam secludit intemperiem." The author of the *Vita Haroldi* wrote with our text before him, but it is not easy to say what he means; the latter part refers to a leaded roof, to keep

out the "varying inclemency of the weather."

[67] Marg. and in Harl. The fact that the word "ecclesiam" is twice supplied in the margin of the Cotton MS., (viz. in the rubric of the contents and in the course of this chapter,) coupled with the inappropriateness of the decoration described, for the general ornamenting of the church, has led to a suspicion that the "ciborium" and not the structure of the church is intended as "constructam" &c.; and it is very probable that our author, who took his account of the treasures of the church from Athelard's MS. in the chapter-house, mistook the decorations of the ciborium for those of the church. But the grammatical sense of the passage is good without the supplying of the word *ecclesiam*, (*constructam* looking for its noun in the *ecclesia* of the former sentence,) and clearly the author believed himself to be describing the general decoration of the church.

apostolorum opere fusili, quæ deportarent altare aureum anterius; lcones etiam ejusdem operis, quæ supportarent altare posterius; ipsum etiam altare ex auro mero compositum, quadratum, in medio sui habens modicum lapidem marmoreum, in ecclesiæ ornamentum construxit. Ministerio etiam altaris vasa necessaria, diebus præcipuis aurea, profestis argentea, sufficienti copiositate invenit. Quatuor etiam capsas aureas, ix. argenteas, candelabra aurea et argentea, turribula, urceos et pelves, cruces tres aureas, vi. argenteas; textus aureos tres magnos, v. argenteos deauratos. Hæc omnia miro fabrorum artificio exculta prædictis adjecit. Vestimentorum etiam habundantiam (simplicium scilicet et compositorum auro textorum) in cappis et casulis, dalmaticis et tunicis, et ceteris, redimitis auro et margaritis, multam contulit ecclesiæ, ita ut unius aurum casulæ, quæ vocabatur 'Dominus dixit ad me,' appenderetur xxvi. marc. auri in deauratione. Quam cum construxisset ecclesiam, miro tabulatu et latomorum studio diligenti fabricatam, dedicationi ejus instanter invigilans, ipsum regem sanctæ memoriæ Edwardum invitavit ad nuptias Christi et ecclesiæ illius, reginam sororem suam, et primos totius Angliæ; Ginsi [68] primo archipræsulem Eboracensem, quia tunc vacabat sedes Cantuariæ [69], reliquos etiam episcopos utrarumque

[68] The mention of Archbishop Kinsige enables us to approximate closely, if not to fix definitely, the date of the consecration of Waltham. He was Archbishop of York from 1051—1060. The ceremony took place about a fortnight before Whitsuntide; and beyond any reasonable doubt on the 3rd of May.

In 1052, Pentecost fell on June 7.

1053	,,	,,	May 30.
1054	,,	,,	May 22.
1055	,,	,,	June 4.
1056	,,	,,	May 26.
1057	,,	,,	May 18.
1058	,,	,,	June 7.
1059	,,	,,	May 23.
1060	,,	,,	May 14.

The King, after staying at Waltham over the octave (May 10), went to Winchester to keep Pentecost the next Sunday; this fixes the year 1060. Our author seems to have had a notion that Edward died the same year, and three months after the supernatural warning. The tradition of the King's stay over the octave and departure for Winchester is of a sort that would be handed down in the college: the legend would be added afterwards. Ailred of Rievaulx does not say that the delivery of the ring took place at Winchester, and the story is generally told in connexion with Havering-atte-Bower.

[69] This is not correct. Stigand was Archbishop of Canterbury, but the canonical character of his appointment was suspected, and he was on several other occasions obliged to give precedence to the Archbishop of York.

sedium, quos juvat ad præsens, sicut didicimus a prædecesso-
ribus, enumerare, sed sedium eorum discretionem non mente
tenemus, Ailnotus [70]; Heremannus, Leowricus, et Willelmus,
Ailmarus, Lefwinus, Wlwinus et Ailwinus, Ailricus, Walterus,
et Giso Cirecestrensis episcopus. Abbates etiam quorum
hic nomina subscribuntur, Eilnodus, Eilwinus, Wlfricus,
Leuricus, Wlstanus, Ethelniz, Ordricus, Elsinus, Lefstanus,
Edmundus et Sihtric. Comites et regni primates, Elfgarus
comes, Tostinus comes, Lefwinus comes, Gierht comes,
Esegarus regiæ procurator aulæ, qui et Anglice dictus
stallere, i. regni vexillifer. Robertus comes, domini regis
cognatus, Radulfus regis aulicus, Bundinus regis Palatinus,
Esebernus regis consanguineus, Rembaldus regis cancellarius. Principes qui et barones dicti sunt, Brichtricus, El-
stanus, Elfgarus, et Brixi, Eilnothus, Esebernus, Edgip, Ead-

---

[70] These are the names of the wit-
nesses of the Waltham charter in 1062.
It is impossible that they should have
been present at the dedication under
the style in which they appear here, as
Giso and Walter were not consecrated
until 1061. The names were probably
copied by the author from the charter
under the impression that it was drawn
up on the occasion. It is, however, a
charter of confirmation, and dated 1062,
with no signs of spurious origin or in-
terpolation about it. Besides the wit-
nesses named here, it is signed by the
Archbishops, Stigand and Ealdred, the
successor of Kinsige: the rest occur as
follows, the order of the names being
almost identical with that in the text:
— Ælfwold, Hereman, Leofric, William, Ailmar, Leofwin, Wulfwin, Ælwin,
Æfric, Walter, and Giso, bishops.
Ægelnoth, Ælfwin, Wlfric, Leofric,
Leofstan, Ælwig, Hordric, Ægelsin,
Leofstan, Eadmund, Sichtric, abbots.
Harold, Ælfgar, Tosti, Leofwin,
Gyrth, comites.
Esegar, regiæ procurator aulæ; Rod-
bertus regis consanguineus, Radulphus
regis aulicus, Bundinus regis Palatinus,
Hesbernus regis consanguineus, Regen-
baldus regis cancellarius;
Peter and Baldwin, the King's chap-
lains.

Brihtric and Ælfstan. ealdormen.
Wigod, regis pincerna. Herdingus,
reginæ pincerna; Adzurus and Yfingus,
the king's stewards; Godwin, the queen's
steward; Doddo, Ælfgar, Brixin, Ægelnoth, Esbern, Eadwig, Eadric, Ægel-
mund, Siward, Alwold, Ælphig, principes.
Of the bishops, Ælfwold, called Ail-
noth in the text, was Bishop of Sherborn,
Hereman of Wilton or Ramsbury, Leofric
of Exeter, William of London, Ailmar
of Elmham, Leofwin of Lichfield, Wulfwin of Dorchester, Ælwin of Durham,
Æfric of Selsey, Walter of Hereford,
and Giso of Wells.
The abbots are Ægelnoth of Glaston-
bury, Ælfwin of Hyde, Wulfric of Ely,
Leoffric of Peterborough, Leofstan of
St. Alban's, Ælwig of Evesham, Hordric
of Abingdon, Ægelsin of St. Augustine's,
Leofstan of St. Edmund's, Eadmund of
Pershore, Sihtric of Tavistock.
The earls are Harold of Wessex,
Ælfgar of Mercia, Tosti of Northum-
bria, Leofwin of East Anglia, and Gurth
of Essex and Hertfordshire.
Esegar is the staller, Bundinus, or
Bondig, the staller, Rembald the chan-
cellor, Dean of Cirencester.
That the author was acquainted with
the charter appears from chap. 17, where
he quotes the curse from it.

ricus, Ailmundus, Siwardus, Ethelwoldus, Alwinus, Acurus
dapifer, et Ywingus dapifer regis ; Godwinus reginæ dapifer,
et Doddo regis præ ceteris consanguinitate proximus ; Rau-
linus cubicularius præ cunctis secretorum suorum in Domino
Jesu conscius. Hos invitatos et sagaci discretione conqui-
sitos, quorum quidam oderant cum invidia vel innata eis
malitia, quia non erat ei similis in terra, continuis octo diebus secum tenuit, cum omni gloria et omnium donorum,
ciborum, et potuum exquisitorum opulentia, ita, ut pro certo
audierim ego a quibusdam, qui hæc acceperunt a prioribus
suis qui affuerunt, vasa magna, in compitis viarum exposita
discurrentibus, vino et medone plena, ut haurirent de pleno
quicumque vellent.

17. De relliquiis quas dedit et abscondit Haroldus.

Consummatis prima die dedicationi necessariis, antequam pranderent, in præsentia domini regis et archiepiscopi
Ginsi et episcoporum, abbatum, comitum et baronum prænominatorum, vocatis ad se Wlwino præposito et ecclesiæ
canonicis, comes Haroldus reliquiarum copiam fecit apponi,
quas ipse multo labore inestimabilique diligentia conquisierat ; sicut erat reverendæ faciei homo et præstabilis elo-
quentiæ, coram positis fratribus ecclesiæ dixit : "Quoniam
a primævæ nativitatis obcæcatione auri sacra fames usque
hodie successive descendit in filios diffidentiæ, timeo si
capsis istis aureis et argenteis commendentur istæ sanctorum reliquiæ pretiosæ, et quid est super aurum et lapidem
pretiosum multum, et dulciora super mel et favum, tollantur
ab ecclesia, superveniente perfidorum vesania, et cum ipsis
vasis fictilibus sacrosancta hæc alienantur avaritiæ æsti-
bus a malis successoribus, et cedant in usus peccatorum,
quæ multo labore et exercitio meo adquisita, Domino dicari
constituimus. Unde si bene placitum est in oculis tuis,
domine mi rex, et principum tuorum, humi recondantur,

signata luto et latere, in loco secreto, omni homiui occulto, nisi tantum uni fides cui habeatur tantum thesaurum occultandi; securius est enim fictilibus carere quam tam sacræ rei præsidiis privari." Placuit hoc regi consilium laudanti et omnibus qui aderant, et assumpto ligno salutiferæ crucis et per medium secto, partem unam cum reliquis sanctorum præsidiis mandant sarcofago, superædificantes struem lapidum, immanem maceriem, scilicet satis humilem nullam præstare valentem oculis intuentium tantorum sacramentorum notitiam. Hiis autem sacris reliquiis scripto uniuscujusque præsignato propria manu, dignum duxit magister Adelardus, scribendo in libro capitulari, memoriale posteris tradere, quibus non datur libere accessus secretiora loci illius penetrare.

18. Qualiter rex Edwardus confirmavit dona comitis Haroldi.

Tanti igitur boni expertem nolens se beatus ille rex Edwardus, post assignata comitis Haroldi donaria, cum ea, ore proprio, cunctis audientibus, et carta sua litteris aureis scripta confirmasset, et propria crucem auream manu in eadem exarasset, de suo contulit ecclesiæ in dotem Hicche [71], cum omnibus sibi pertinentibus in terris, pratis, pascuis et aquis, et Lamhede, sicut cautum videri potest in carta ipsius, ratum et inviolabile volens Deo permanere, ita dicens : "Si vero [72] aliquis successorum meorum, quod absit, de terris istis quicquam subtraxerit, vel subtrahi permiserit, et inde requisitus emendare noluerit, ei Deus justus judex regnum pariter auferat et coronam." Archiepiscopus etiam et episcopi prædicti, necnon et abbates, unanimiter sententiam domini regis confirmaverunt in hiis verbis,—"Ego Ginsi Eboracensis archiepiscopus, una cum fratribus consecrationi ecclesiæ assistentibus, excommunicamus, et a liminibus sanctæ ecclesiæ matris sequestramus, et maledictione

---

[71] Hitchin, Herts.   [72] Charter; Appendix II.

perpetua condempnamus omnes transgressores hujus regiæ
et consularis donationis et eorum et nostræ confirmationis.
Amen, in perpetuum fiat, fiat."—Hiis ita expletis, post
octavum diem, unusquisque remeavit ad' propria.   Rex
vero Edwardus Wintoniam iter flexit, celebraturus ibidem
in proximo solempnitatem Sancti Spiritus, die Pentecostes,
ubi contigisse quiddam mirabile dictu scriptum vidimus,
et auctenticorum relatione didicimus.

19. *De anulo quem Sanctus Johannes remisit sancto Edwardo
et obitu ejus* [73].

Sedente eo pro tribunali die festo in aula regia, et
præstolante processionem et episcoporum præsentiam, qui
diadema regni applicarent regio capiti, ex improviso contigit cives xii., quatuor civitatum Angliæ quas præcipuas
dicimus, Londiñ, Eborac̃, Wintoñ et Lincolñ regiam au-
lam intrare, comis et barbis more peregrinorum depen-
dentibus, habitu honesto et incessu gravi, facie serena, vere-
cunda tamen, qui procedentes usque ad gradum ante sedem
regiam, flexo genu adoraverunt.   Quorum unus sic ait;
" Domine rex, in cujus ditione præsentis status regni et principum ejus firmitas solida manet et inviolabilis virtus, nos
servi tui sancta invisere loca cupientes, et ob remedium
animarum nostrarum Sanctorum suffragia implorantes, ad
vocem prophetæ dicentis, 'in diebus sanctorum affligetis
animas vestras, quia jejunia et vigiliæ et sanctæ afflictiones
humiliata corpora macerant, et maculata corda purificant,'
eligimus miseratione divina Jerosolimam pergere, sanctæ
nativitatis, passionis, resurrectionis, ascensionis, et Sancti
Spiritus in apostolos missionis vestigia, corde et sincera
devotione quoad potuimus adorare, incolumitatis tuæ fir-

---

[73] This is the most circumstantial
account we have of the legend of the
ring. Cf. Lives of Edw. the Conf.,
ed. Luard, pp. 276—280; Ailred, ap.
Twysden, coll. 397, 398; and Morant's
Essex, i. 58.

mitatem, vitæ diuturnitatem, et regni prosperitatem, et animarum nostrarum salutem implorare. Ubi cum die quadam, visitatis sacris in civitate locis, ascendere volentes Montem Olivarum, ubi ab humilitate nostra ad summa cœlorum
fastigia ascendit Dominus, in declivo montis obviam habui-
mus processionem, sicut in diebus solempnibus, ordinate
incedentem cruce, turribulo, ceroferariis, subdiacono et dia-
cono præcedentibus, subsequente conventu honestissimo,
sacerdote postremo, quos cum intuiti essemus, clara luce
circa tertiam diei horam non sine admiratione sic incedere,
dixit nobis ille ultimus, sacerdotalibus præ ceteris indutus,
'Unde estis, ad quid venistis, quorsum tenditis, quæ vos
genuit terra, et quid animi vobis est in scopuloso hoc regno
multa asperitate discreto?' Ad quem ego, licet sodalium
non præminentior, respondi; 'Angli quidem sumus vestræ
sanctitatis servi, sacra invisere loca cupientes; hinc ultra
procedere non disponimus, repedare illuc unde venimus,
Dei nutu, desideramus, vestrarum orationum beneficiis at-
tolli suppliciter postulamus.' Respondens autem vir sanctus, 'Vere quidem Angli,' subintulit, 'nitentes ut angeli;
benedicat vos Deus et gratiæ suæ in vobis dona multiplicet.
Numquid regem habetis, aut quo nomine censetur?' Cui
respondimus, 'Regem habemus, Edwardum nomine, virum
probatæ vitæ et sanctitatis immensæ, in terræ suæ strenuum
regimine, virum justum et prudentem, et ad omnimoda
regni moderamina regibus aliis præminentem.' Audito
quidem nomine vestro vir sanctus ille subintulit, 'Qualem
vos dicitis, talem probat eum Deus, quia Domino complacuit
in eo, quod noviter probabit experimento. Obtestor vos
per misericordiam Dei, propter quam adipiscendam multo
labore et sudore huc usque venistis, quod sugeratis ei, ex
parte dilecti sui Johannis ewangelistæ, quod præparet se
huic collegio interesse, quod sic futurum infra præsentem annum præparavit Deus diligenti Se. Nos enim diurno et noc-
turno Beatæ Virginis obsequio ministrare constituti sumus

a Domino, et Ipsius [74] sepulchro in Josaphat servi addicti [75] in perpetuum, ubi gaudium inestimabile, pax et delectatio incnarrabilis, interna refectio et lætitia [est] sine fine mansura. Hujus amœnitati socius evocatur Edwardus a Christo salutari suo, quia virgo electus a Domino virgo in ævum permanebit, huic collocandus consortio. Si vero vestris fidem non habuerit, hiis saltem credat intersignis, quod in dedicatione ecclesiæ de Claveringes [76] ob honorem mei, dum protervus assisteret ei exactor elemosinæ, nec haberet quod daret illi, et ille indesinenter instaret ut benefaceret ei causa Dei et sancti Johannis ewangelistæ, cum non haberet ad præsens quid tribueret, audito nomine Johannis, anulum quem habebat insignem supra modum instanti tribuit michi, et sic ab oculis ejus et omnium hominum usque hodie evanui. Hunc autem anulum fidei nostræ signaculum perferetis ad eum, et si non simplicibus verbis, hiis autem credat indiciis.' Hæc mandata perferenda ad vos, domine mi rex, ab ore Johannis ewangelistæ accepimus: hæc commonitoria ab ipso audivimus, et anulum inter vos fidei signaculum deferimus." Quem cum respexisset in manu deferentis, et veris indiciis sic esse cognovisset, humi prostratus gratias egit Deo et servo Suo Johanni, quibus et ipse militavit tribus mensibus [77], postea in senectute bona, appositus ad patres suos, obdormivit in ✔ Domino. Dissoluta igitur hujus habitationis domo, domum non manufactam [78] accepit rex iste gloriosus in cœlis, quam sibi cooperante Dei gratia, manu, lingua fabrefecit in terris, ubi quod jam sitivit internum, gustat æternum, decoratus una stola securusque de reliqua.

---

[74] Of the Blessed Virgin.

[75] "Cum ejusdem Virginis immaculato Filio Domino nostro Jesu Christo, in regno cœlesti manemus."—*MS. Cotton, in margin.*

[76] The church of Clavering is dedicated, according to Newcourt, to St. Clement; but Langley chapel, in the parish of Clavering, is dedicated, as is that of Havering-atte-Bower, (which is perhaps the one intended,) to St. John the Evangelist. Newcourt, ii. 156; Morant, ii. 615; Ogbourne's Essex, p. 104.

[77] If this is intended to mean that the king survived the warning for three months only, it is at variance with the other legends, which say six.

[78] 2 Cor. v. 1.

20. *De electione et coronatione. Et de inclinatione capitis sanctæ crucis, et de prostratione regis Haroldi in bello.*

Post obitum itaque sanctissimi regis, comes Haroldus unanimi omnium consensu in regem eligitur, quia non erat eo prudentior in terra, armis strenuus magis, legum terræ sagacior, in omni genere probitatis cultior, ita ut huic electioni non possent contradicere, qui eum summo odio persecuti fuissent usque ad tempora illa, quoniam tanto operi adeo insignem in omnibus non genuerit Anglia. Rex igitur consecratus a Stigando [79] Dorobernensi archipræsule, quod prius dilexerat non potuit odisse. Veruntamen ecclesiam Walthamensem ampliori quam prius amplexatus dilectione, multa donariorum venustate cœpit eam ampliare, ita ut postea nullatenus sine multorum munerum oblatione vellet etiam illam sedem visitare. Quod et accepi ab ore senioris sacristæ Turkilli, quem et videre duobus annis [80] antequam moreretur merui, et postea interesse cum ceteris fratribus ejus humationi. Brevi tempore rex factus præfuit ecclesiæ nostræ, nam insidiantibus ei perfidis Normannorum versutiis, quia filiam Willelmi ducis Normannorum nuptui traditam contempsit; rediens a Ponte Belli [81] quod a bello cognomen accepit, ibi cum Tostino fratre suo multam stragem inimicorum faciens, de hostium multitudine nobiliter triumphavit. Inde paucis sibi adjunctis, nam omnes fere in diversas partes secesserant, Waltham rediit, ubi de applicatione Normannorum, nimis veridica narratione, nuntium suscepit, et eis obviam ire subito disponit, nullius admissa præpeditione: nam ab omnibus consultum est ei, Tostinum, Gerth et Bundinum [82] et reliquos qui secesserant expectare, sed nimis præceps et de virtute sua præsumens,

---

[79] So also Ordericus Vitalis, but according to Florence he was crowned by Ealdred of York. See Lappenberg, i. 274.
[80] According to this statement, Turkill must have died in 1126, sixty years after the fact to which he testifies.
[81] Stamford-bridge apparently, which

Gaimar calls *Punt de la Bataille*, (*Mon. Hist. Brit.*, 827): the author seems to have forgotten that Tostig was in to bellion, and slain at Stamford-bridge.
[82] Bondig, or Bundi, the staller. *Mon. Angl.*, i. 361; cf. Malmesb., *G. R.*, ii. 228.

credebat se invalidos et impræmunitos Normannos expug-
nare, antequam a Normannia gens subsecutiva in præsi-
dium eorum succresceret; sed hiis auspiciis defuit virtus
Omnipotentis. Nam mane facto ecclesiam Sanctæ Crucis
ingrediens, et reliquias, quas apud se habebat in capella
sua repositas, altari superponens, votum vovit, quod si successus prosperos sub eventu belli præstaret ei Dominus,
copiam prædiorum et multitudinem clericorum Deo ibidem
serviturorum, Ecclesiæ conferret, et se Deo serviturum amodo
quasi servum emtitium sponderet. Clero igitur eum comi-
tante, et processione præcedente, veniunt ad valvas templi,
ubi conversus ad crucifixum, rex ille Sanctæ Cruci devotus,
ad terram in modum crucis prosternens se, pronus oravit.
Contigit autem interea mirabile dictu et a sæculis incredi-
bile. Nam imago crucifixi, quæ prius erecta ad superiora
respiciebat, cum se rex humiliaret in terram, demisit vultum,
quasi tristis; lignum quidem præscium futurorum! Hoc se
vidisse contestatus est Turkillus sacrista et multis intimasse,
dum et ipse colligeret et reconderet, quæ altari superposuit
rex beneficia. Ab ejus ore hoc ego suscepi, et multorum
assertione præstantium virorum qui oculis suis caput ima-
ginis erectum viderunt, sed nulli præter Turkillum demis-
sionis horam noverunt. Viso autem hoc infausto auspicio,
multo dolore correpti, duos fratres de ecclesia præcipuos et
majores natu, Osegodum Cnoppe et Ailricum Childemaister,
in comitatu regis miserunt ad prælium, ut cognitis rei
eventibus, de corpore regis et suorum ecclesiæ devotorum
curam agerent, et si fortuna sic daret, cadavera reportarent.
Modico stipatus agmine rex properat ad expugnandas gentes exteras, heu nimis animosus, minus quidem quam expediret circumspectus, propriis quidem magis quam suorum confidens viribus. Sed frangit Deus omne superbum,
nec diuturnum extat hominis ædificium, cui non est Ipse
Deus fundamentum. Fit congressus belli; cadunt hinc
inde milites proceri; gens effera Normannorum, pervicaciæ

non ignara, hujusmodi calamitatibus magis assueta quam
gens nostra, penetrant cuneos nichil præter sanguinem regis
sitientes. Quid multis moror? Indultus est efferæ genti
de hoste triumphus. Cadit rex ab hoste fero, gloria regni,
decus cleri, fortitudo militiæ, inermium clipeus, certantium
firmitas, tutamen debilium, consolatio desolatorum, indigen-
tium reparator, procerum gemma. Non potuit de pari con-
tendere, qui modico stipatus agmine quadruplo congressus
exercitui, sorti se dedit ancipiti. "[83] Ut quid Deus repulisti in
finem, iratus est furor tuus super oves pascuæ tuæ [84]." Memor esto congregationis Tuæ, quam in honorem passionis
Tuæ Tibi dicavit rex ille nobilis in Waltham, servus Tibi
factus, humilis, non sua tantum largiens, sed et se ipsum ex-
inaniens, ut servum Tibi se constitueret, et sanctæ passionis
Tuæ præconem et exactissimum ministrum exhiberet. Numquid oblivio cadit in Deum? Numquid oblivioni, tanquam
mortuus, datus est ille a corde Tuo, bone Jesu, cui non satis
fuit sua Tibi et suorum exquisitissime beneficia conferre
munificentiarum, sed de remotis mundi partibus quærere;
amator ille decoris domus tuæ, quo ipsam redimire posset
et multiphariis beneficiorum bonis attollere! Sed quid
restat, Plange, Waltham, et luge, et exue te vestibus jocun- ✗
ditatis, induere cinere et cilicio, quia privavit te Dominus
sponso jocunditatis tuæ. Deducant oculi lacrimas per diem
et noctem, et non taceat pupilla oculi tui, quoniam instat
tempus tuæ viduitatis, tempus desolationis quale non fuit
tibi ab initio. Rex gloriose, cedat ad commodum animæ tuæ
quod tanto affectu, tanta devotione, tantaque cordis et spiritus contritione exultavit anima tua in Crucis Sacræ cumu-
landis honoribus; retribuat tibi omnium bonorum Largitor,
pro bonis ecclesiæ collatis, largam benedictionem, exaudiat ✗
te Dominus in die tribulationis, memor omnis sacrificii tui, et
holocausta tua igne Spiritus Sui plenius accendantur, tribuat
tibi quod magis expediat animæ tuæ, et omne consilium

[83] Omitted by Michel to end of chapter. [84] Ps. lxxiv. 1.

salutis perpetuæ in te confirmet. Impleat Dominus omnes
petitiones et exaudiat, quas pro te dirigunt ad Ipsum filii
Walthamensis cœnobii. Quod quidem futurum non am-
bigo, si enim sileat lingua nostra, orant pro te beneficia tua,
et eorum affectus, quos ipsis beneficiis magis pensat Deus,
et det tibi Crucifixus Ille dulcis Jesus quicquid optari
queat felicius.

> "Heu cadis hoste fero rex a duce rege futuro.
> Par paris in gladio milite cum valido;
> Firmini [85] justi lux est tibi luce Calixti
> Pronior, hinc superas, hinc superatus eras.
> Ergo tibi requiem deposcat uterque perhennem,
> Sicque precetur cum quod colit omne Deum."

21. *Qualiter canonici petunt a victore corpus Haroldi, quærunt,
inveniunt, et sepeliunt.*

Post miserabiles belli eventus, et infaustum omen certantium, quid animi, quid angoris, quidve supremi do-
loris fuerit fratribus prædictis Osegodo et Ailrico, qui
fatales hos regis eventus secuti fuerant a longe ut viderent ×
finem, pensare poterit cujus animo hoc fixum est, "O vos [86]
qui transitis per viam attendite, et videte si est dolor sicut
dolor meus." Necessitate tamen urgente, etsi timore obstante, ducem adeunt pedibus humiliati, precibus lacrimas
addunt, dicentes. "Dux generose, nos servi tui, omni solatio
destituti, (utinam sic et vita præsenti!) exploraturi huc desti-
nati sumus eventus belli a fratribus quos rex iste defunctus
in ecclesia Walthamensi constituerat, sed successibus vestris
providens dominus sublatus est de medio qui consolabatur
nos, cujus præsidiis necnon et stipendiis Deo militabant [87]
quos ipse in ecclesia instituit; rogamus, domine, et contes-
tamur te per gratiam tibi divinitus collatam, et pro remedio
animarum omnium eorum qui in præsenti causa vestri ex-
pleverunt dies supremos, quod liceat nobis in beneplacito
vestro corpora tollere et nobiscum libere deportare domini

---

[85] The battle of Stamford-bridge was fought on St. Firminus's Day, Sept. 25;
that of Hastings on St. Calixtus's, Oct. 14.   [86] Lament. i. 12.   [87] Militamus, Harl.

regis fundatoris et institutoris ecclesiæ nostræ, necnon et
eorum qui ob reverentiam ipsius, sepulturæ locum elegerunt
apud nos, ut ipsorum præsidiis munita firmior maneat status
ecclesiæ et perpetuitas illibata." Quorum precibus et irri-
guis fletibus egregius dux ille motus, "Rex," inquit, "ves-
ter, fidei suæ religionis immemor, etsi dignas transgressionis
ad præsens exsolverit pœnas, non meruit sepulturæ beneficio privari. Quum regimen tantæ sedis quocumque modo
adeptus, diem consummavit rex dictus, paratus sum ob
illius reverentiam et salutem defunctorum qui, causa mei,
relictis uxoribus et hæreditatibus, huic conquisitioni coad-
jutores animas exhalaverunt, ecclesiam et ordinem monasti-
cum centum monachorum instituere, qui perhenniter eorum
saluti animarum invigilent, et ipsum regem vestrum in ecclesia eadem debito cum honore præ ceteris sublimare, et
ob ipsius reverentiam locum amplioribus beneficiis augere."
Ad quem fratres illi, multo talia promittentis solatio confortati, "Non :" inquit, "magne rex future, annue precibus
supplicantium, ut successibus suis gaudeat generosa sublimi-
tas tua, et has x. marcas auri ex beneficio defuncti in usus
tuorum digneris suscipere, et corpus ad locum quem instituit
ipse remittere, ut beneficio corporis exhilarati, de morte
ipsius plurimam nos gaudeamus suscepisse consolationem,
et posteris nostris præsens in ecclesia tumuli structura perpetuum sit monimentum." Compatiens igitur dux ille gloriosus, ut erat misericordis animi et pronioris ad exaudien-
dum propter successus, quia dederat ei Dominus de hoste
triumphum, annuit votis eorum, spernens et pro nichilo
oblatum reputans aurum. "Si quid autem," inquit, "vobis
defuerit in expensis ad exhibenda funeralia officia, vel itineri
vestro quocumque modo necessaria, habundanter vobis ex-
hiberi præcipimus, pacem et omnimodam tranquillitatem
a commilitonibus exercitus nostri vobis per omnia indulge-
mus." Gaudio igitur inestimabili fratres confortati, currunt
ad cadavera, et vertentes ea huc et illuc, domini regis corpus

ngnoscere non valentes, quia corpus hominis exangue non
consuevit mortuum formam prioris status frequenter ex-
primere; unicum placuit remedium; ipsum Osegodum domum redire et mulierem quam ante sumptum regimen Anglorum dilexerat, Editham cognomento Swanneshals, quod
Gallice sonat, "collum cigni," secum adducere, quæ domini
regis quandoque cubicularia, secretiora in eo signa noverat
ceteris amplius, ad ulteriora intima secretorum admissa, quatinus ipsius notitia certificarentur secretis indiciis qui exterio-
ribus non poterant, quia statim letali vulnere confosso, quicquid in eo regalis erat insignii duci deportatum est, signum scilicet prostrationis regiæ, quoniam consuetudinis erat
antiquæ, et adhuc credimus modernæ, in regum expugna-
tione, vel castrorum captione, magnis eos donari muneribus,
qui primi possent regis conum dejicere et regi offerre, vel
primus castro expugnato, regis vexillum, præcipue ipsius
castri munitioni eminentis. Quam cum adduxisset Ose-
godus, et inter strages mortuorum pluribus indiciis ipsa
corpus regis Haroldi designasset, aptatum feretro, multis
heroum Normanniæ comitatus honorem corpori exhibenti-
bus, usque ad Pontem Belli [88] qui nunc dicitur, ab ipsis
fratribus, et multa supervenientium copiositate Anglorum,
qui audierant eorum imminens excidium, quia nunquam
fuit Anglis cognata Normannorum societas, cum magno
honore corpus Waltham deductum sepelierunt, ubi usque
hodie, (quicquid fabulentur homines quod in rupe manserit
Doroberniæ [89] et nuper defunctus sepultus sit Cestriæ [90],) pro

---

[88] Battle-bridge.

[89] Dover. The *Vita Haroldi* says that he spent ten years as a hermit on Dover cliff.

[90] The disputed question of Harold's burial-place is exhaustively treated by Mr. Freeman in the paper on Wal-tham, in the Proceedings of the Essex Archæological Society, vol. ii. 34. The story of our author is supported by the authority of William of Malmesbury, Wace, the Continuator of Wace, and the

Metrical Life of St. Edward, (ed. Luard, p. 309).

According to William of Poitou, he was buried on the sea-shore, by William Malet. He is followed by Benoit. Or-dericus Vitalis, and Guy of Amiens.

The story that he survived the bat-tle, and died in the twelfth century at Chester, is mentioned by Giraldus Cam-brensis, is referred to doubtingly by Ailred of Rievaulx, and is manfully vouched for by the author of the *Vita*

certo quiescit Walthamiæ: cujus corporis[91] translationi, quum
sic se habebat status ecclesiæ fabricandi, vel devotio fratrum
reverentiam corpori exhibentium, nunc extreme memini
me tertio affuisse, et sicut vulgo celebre est et attestationes
antiquorum audivimus, plagas ipsis ossibus impressas oculis
corporeis et vidisse, et manibus contrectasse.   Vixit autem
et Anglis imperavit egregius rex iste modico tempore per
annum et . . . menses, et viam universæ carnis ingressus,
appositus est ad patres suos.

22. *Qualiter post mortem regis Willelmi successit Willelmus
Rufus qui spoliavit ecclesiam de Waltham.*

Deinde dux ille nobilis consecratus in regem, jura reg-
norum Anglis instituit, et consuetudines e diversis regno-
rum partibus, quas decentiores et nobilibus viris aptiores
investigare potuit, regno suo instituit, ita quod nobiles terræ
suæ generosorum filios regum curiis et minorum etiam terris præsidentium, exploratores nobilium consuetudinum et
facesciarum [92] applicaret ; nichil tamen derogans prædecessorum suorum traditionibus honestis, scilicet regum Anglico-
rum, a quibus se gaudeant Normanni reges nostri, quod præcipuum est in omni munificentia, et regni gloria, et morum
honestate, et corporis habitudine decenti, suscepisse. Multos
rex iste complens dies, in senectute bona consummatus,
explevit tempora multa et ipse appositus est ad patres suos,
regni sui vicesimo secundo anno.   Successit ei filius Willelmus Ruphus cognomento, hæres quidem beneficiorum, sed

Haroldi, who professes to have had a
personal acquaintance with the priest
who received Harold's confession,—An-
drew, a priest of St. John's at Chester,—
and with Michael Chamberlain of Waltham, who had heard a denial of the
Waltham story from Walter, the first
abbot, who had had it from Gurth, the
brother of Harold, who must have told
it at least one hundred years after the
battle.
   The Chester story is quite incredible ;
Mr. Freeman thinks that the other two
are not irreconcileable, on the supposition that the body was really buried
first on the sea-shore, and afterwards,
on the petition of Githa, translated to
Waltham.
   [91] 'At the translation of whose body
for the third time, according as the
state of the building of the church was
such as to admit it, or the devotion of
the brethren showing reverence to the
body (demanded it), I can just remember
to have been present myself.'
   [92] Facetiarum.

degener morum, cui breves annos credimus indultos, quia
concessis sibi beneficiis a Domino minus aptus, nec ecclesiæ
devotus sicut expediret, nec justitiæ strenuus executor, sed
vir desideriorum eisque indulgens semper extitit. In tantam igitur vesaniam ad cumulum et exaggerationem miseriæ
suæ ausus prorumpere, ut ecclesiam Walthamensem, a devotis patribus prædictis, tam sanctis desideriis, tam devotis
multarum opulentiarum beneficiis ornatam et Dei munimine fundatam invadere, et nullo respectu habito sanctorum patrocinatus ecclesiæ præsidentium, vel reverentia prædecessorum eam instituentium, spoliare et omnia ipsius
beneficia diripere prædonis more non dubitaret, vilia censens
Anglorum instituta, nec eousque valitura, quin eis eligeret
ditare prædecessorum sepulturas et ecclesiam Cadomensem
ex rapina ornare, et spoliis Walthamensis ecclesiæ salubre
remedium credens animarum patris et matris ibi quiescen-
tium, si de alieno et quasi ab uno altari distracto aliud
ornetur, et quasi munus gratum et valde pretiosum alicui
patri offerantur præcisa proprii membra filii. Sicut enim
scripto invenimus autentico, manibus magistri ipsius Ade-
lardi qui tunc præerat ecclesiæ exarato, sex milibus, et sex-
centis et sexaginta sex libris appensum est quod una vice
tulit ab ecclesia, in capsis aureis et argenteis, in crucibus, textis, et aliis ornamentis aureis et argenteis : ipsam etiam casu-
lam auro textam quæ vocata est ' *Dominus dixit ad me*' quam
supra memoravimus ; quatuor etiam campanas illius temporis
pretiosas, et thesaurum inestimabilem quo instauravit duas
ecclesias Cadomi, ecclesiam scilicet Sancti Stephani quam
fundavit pater ejus, et ecclesiam Sanctæ Trinitatis quam fundavit mater ejus, quæ scilicet usque hodie gaudent spoliis
sic adquisitis, et inscripta habent nomina in ipsis capsis et
textis principum qui ea contulerunt ecclesiæ Walthamensi,
testimonio et auctoritate Archiepiscopi Ginsi. Compunctus
igitur corde rex ille divino nutu quod tantam ecclesiæ injuriam fecisset, pœnitentia ductus, villam Walthamensem cum

omnibus ei adjacentibus ad resarcianda dampna præscripta eidem ecclesiæ perpetuo mansuram dedit, et scripto confirmavit, post mortem Walcherii [93] Dunelmensis episcopi, cui dederat eam pater suus illustris rex Willelmus ut haberet ibi domicilium cum vocaretur a remotis ubi habitabat partibus ad concilium: nam in conquisitione terræ istius adduxerat eum rex secum, virum prudentem, litteratum, et in consiliis dandis regno utilibus valde discretum.

23. Qui dederunt Waltham ecclesiæ nostræ.

Auctores donationis villæ Walthamensis laudamus Tovi le Prude, qui primus eam instituit de novalibus, et auctore Cnuto et ejus filio Hardecnuto, fecit eam confirmari sub anathematis vinculo. Laudamus etiam præsentem hunc Willelmum, qui ob reconciliandam sibi crucifixi gratiam quam offendisse plurimum non dubitamus in hujus perpetratione spoliationis, qui eam carta sua [94] ecclesiæ confirmavit, et sub prædicto anathematis edicto, assistentibus Archiepiscopis, episcopis, et universo clero, communiter roboravit. Caveant sibi successores, et memores conditionis suæ sibi reservent quæ sunt Cæsaris, et solvant quæ sunt Dei Deo; ne lacessitus et sæpenumero ad iram provocatus inducat maledictionem pro benedictione, et sint novissima hominis illius pejora prioribus.

24. Qualiter furata erant vasa aurea.

Dignum igitur duximus transire ad miracula quæ quidem oculis fidelibus videre meruimus, vel a viris autenticis illius temporis facta cognovimus, ne vilescant non audita quæ in oculis Jesu Christi celebria credimus et multa laude digna. Scriptum legimus quod, in primitiva hujus ecclesiæ institutione, quatuor sub furva nocte inimici crucis

---

[93] *Harold's* lands in Waltham are described in Domesday Book as "terra Episcopi Dunelmensis." But it does not appear exactly that the lands of the *College* had been alienated to him, except Northland, containing two hides and a-half. The College held, however, only half a hide in the parish. Walcher died May 4, 1080.

[94] This possibly refers to the charter of William Rufus, printed in the Appendix.

Christi subfodientes ecclesias, ornamenta quædam ecclesiæ
furati sunt, vasa quidem opere fusili ex argento fabricata,
quæ transferre cupientes ad loca non sancta, cæcitate cordis
necnon et oculorum eo usque obducti sunt, ut itinerandi
quo disposuerant negaretur eis ex toto facultas, et per totam
noctem per devia et loca aquosa, quærentes requiem et non ⨉
invenientes, evagarentur. Mane facto, ducatu cujusdam
viatoris vix perducti sunt Lundoniam, in cujus introitu forte
fortuitu obviam habuerunt quendam nomine Theodoricum,
in opere fusili auri et argenti totius civitatis præcipuum,
qui et ipse manibus suis ista fabrefecerat, cui exponentes
merces suas, et quanto eas emere vellet requirentes, respon-
dit se cito reversurum, et in domo sua de pretio et pretii
solutione satisfacturum. Divertens interea vir ille discretus
et sagax hujusce operum, memor etiam quod hæc fabricasset
ad opus ecclesiæ Walthamensis, ad nutum et voluntatem
nobilis illius matronæ Glithæ uxoris Tovi le prude, convo-
catis secum quibusdam vicinis, cum convenisset de pretio
expositarum mercium, " Fures estis," inquit, " et latrones ;
thesaurum ecclesiæ Walthamensis furtive diripuistis, nam et
hæc eadem vasa manibus meis operata et ecclesiæ Walthamensi collata per ingenuam matronam Glitham, omni du-
bietate semota, horum vicinorum meorum testimonio, non
ambigimus. Cum omni igitur festinantia furtiva hæc repor-
tabitis ad loca sancta, adjunctis nobis de civitate hac viris
prudentibus, in quorum præsentia pro meritis suscipietis
commissi talionem, et dignas reatus vestri pœnas secundum
terræ consuetudinem exsolvetis." Quod ita factum est.
Nam primus, qui se clericum confessus est, candenti ferro
clavis ecclesiæ in facie signatus est. Reliqui capitalem
subiere sententiam, et ecclesiæ Dei restitutum est quod
suum erat. Multa et illius temporis miracula in scriptum
non sunt redacta, tum penuria scriptorum, tum segnium
socordia qui tunc aderant prælatorum, gens enim tunc sancta
et modernorum respectu immaculata, pro facili ducebant

talia. Signa enim infidelibus, non fidelibus, data sunt, vacillaret namque ad præsens tenuis fides nostra, nisi novis
moribus nostris supervenientibus quandoque miraculis, nova
accederent remedia. Exemplum placeat. Deducatur in medium beatus ille Thomas[95], extremus quidem martyrum
in Anglia, sed inter præcipuos primitivorum computandus ;
deducatur in medium status ecclesiæ ante passionem ejus
qualis fuerat apud nos, quid postea contulerit regno mors
sancti viri, et propter illum Dei miseratio, et manifeste quis
poterit agnoscere non inania fuisse miracula, quæ fidem
pæne omnium extenuatam et plus solito vacillantem redux-
erunt ad gratiam, ut ubi diffusius habundaverat peccatum,
superhabundaret et gratia. Vigebat enim necessitas ut
meritis sancti martyris, graviorem Dominus in servis Suis
peccatorum languorem curando, quantæ sit benignitatis in
filios manifestaret, et incrementis crebrescentibus miserationum suarum fecundaretur ecclesia, quæ jam pæne in
exterminium, peccatis nostris exigentibus, erat devoluta.

25. *Quam ordinate se habebant canonici in primis.*

Puer e[r]go quinque annorum[96], vidi usque ad præsentia
tempora multa, canonicus constitutus in ecclesia Sanctæ Crucis a bonæ memoriæ Ernulpho decano, assensu et donatione
venerabilis dominæ Adelizæ[97] Reginæ, cujus tunc donationis
erant præbendæ, et ad prima litterarum rudimenta traditus
magistro Petro, filio magistri Athelardi institutoris et ordi-
natoris præsentis ecclesiæ. Fons enim uberrimus disciplinis
doctrinæ tunc scaturiebat ab ipso Petro, secundum modum
Teutonicorum, non enim obstantibus lectionibus vel litteris
vel versibus componendis minus addiscebatur et frequenta-
batur in ecclesia cantus. Et ordinatissima distinctio pue-

---

[95] Martyred Dec. 29, 1170. This
was probably a sore subject with our
author, if the conversion of the college into an Augustinian monastery was
really part of Henry II.'s expiation.

Bromton, ap. Twysden, 1115, 1119.
[96] The writer was fifty-three years
an inmate of Waltham, and was turned
out on the change in 1177.
[97] She died 1151.

rilis habitudinis, ita ut, more religiosorum fratrum, honeste
et non sine gravitate incederent, starent, legerent et cantarent, et quicquid ad gradum chori vel in ipso choro cantare
oportebat, corde tenus, unus vel duo, vel plures, absque
libri solatio cantarent et psallerent. In choro constituti,
non respiciebat puer alterum, nisi forte ex obliquo tamen
raro, nec faceret ei verbum unum; non discurrebant per
chorum nisi quibus fuisset injunctum a magistro, pro cappis
aut pro libris transferendis vel aliis quibuslibet causis; ma-
nentes in choro, sicut processione procedentes, a scola intrant chorum sic exeuntes intrant scolas, ad modum canonicorum de nocte surgentium.

26. *Qualiter mulier, furando denarium super altare, contracta
est omnibus diebus vitæ suæ.*

Tempore igitur Resurrectionis quod celebriter agebatur
in ecclesia nostra a Pascha usque ad Pentecosten, die
quadam Sabbati, psallentibus in choro fratribus festive in
vesperis, ut assolent illis temporibus, mulier e vicino de
Enefeld, devotionis intuitu, accedens ad altare Sanctæ Crucis
denarium optulit, post oblationem statim recessit; erat
et in ipso pago nostro mulier paupercula hostiatim mendi-
cans panem, certe amaro satis animo nec minus verbo,
Editha Crikel dicta, ex re nomen trahens, quoniam titubando
incedebat duobus baculis, hinc inde fulta; hæc accessit
ad altare ut offerret sicut visum erat nobis, et nummum
quem ante deposuerat fidelis illa matrona lambens lingua
ab altari furtive asportavit; sed injuriarum ultrix manus
non abfuit, descendenti enim a tertio gradu altaris pars
corporis a renibus supra sic distorta est, ut toto tempore vitæ pars anterior cœlum supina respiceret, et anus
tremula, nunquam compos sui effecta, sic extremum diem
clauderet. Quibus autem indiciis furtivum hoc clarue-
rit astantium oculis, audiatur. Sicut supra memoratum
est, descendens a novissimo gradu miserabilis illa mulier

cœpit se male habere, nauseanti similis, et quasi in gutture
aliquid haberet inpedimenti unde statim suffocari deberet,
caput intermisse excutiens, spumas ore habundanter emit-
tens : quod videns quidam custos ecclesiæ Antonius nomine
accessit, et sicut ille magnus erat et grandis staturæ, trino
ictu immani inter scapulas mulieris ejecit ab ore ejus co-
agulum sanguinis ad instar pomi. Cui exanimi et præ an-
gustia verbi palpitanti, prius accurrerunt qui in presbyterio
astabant laici, et cum cognovissent causam ex ore mulieris
tantæ miseriæ, accurrentes, dum cantaretur ymnus "Ad
cœnam Agni providi," ad dominum Brienum Bainard,
seniorem tunc et præcipuum omnium nostrorum, qui et
ipse sacerdos vesperas cantabat, narraverunt ex ordine quæ
contigerant; quorum verbis fidem habens, et maxime illius
nostri Antonii Sacristæ, imposita ei ab Archichoro anti-
phona ad Magnificat, exultans vir bonus et prudens incepit
Te Deum l., quod quidem in jubilo cantatum est, et pulsato
classico non sine multa lacrimarum plebis ubertate laudan-
tium Dominum qui, in crucis commendandam memorabilem
excellentiam, operatus sit hæc magnalia, successoribus monu-
menta. Psallentibus fratribus, Antonius ecclesiæ custos
manu propria ejicere volens sanguinem, immo, ut verum
dicam, saniem, quam oculis vidi accurrens puer cum pueris
nescius talium, expressit nummum, sed post vesperas de-
latus ad præsentiam omnium, nummus patefecit archana.
Nam confessio eis fatuæ mulieris furtum pandit, et furti
causam gemendo coram multis obtexit hanc ita se haben-
tem, corpore distorto videlicet toto tempore vitæ suæ.

27. *Qualiter quidam percussus est igne infernali et sanatus per*
sanctam crucem.

Ad laudem igitur et gloriam Sanctæ Crucis, quod oculis vidimus, quibus interesse miseratione divina meruimus,
posterorum mentibus imprimenda vera assertione decrevi-
mus. Erat in pago Walthamensi clericus, Crispinus no-

mine, præbendulam habens modicam, nullam quidem de prædictis xii. sed unam de duabus quas de cibariis suis canonici sibi constituerant clericis qui evangelium vicissim legerent in missis capitularibus, qui etiam ad negotia ecclesiæ ordinanda vel transmutanda, ad votum capituli mitterentur propriis sumptibus. Hic fratrem habebat nomine Matheum, juvenem pulchrum, sapientem, satis prudentem, quales creare consuevit Waltham, quia de amplis pascuis pratorum civitatulæ nostræ pullos bonos, et de indigenis homines valde strenuos, inde prodeuntes certe sæpe vidimus. Matheus iste, sicut Domino placuit, peccatis exigentibus, in ulteriori parte percussus ulceri pessimo pluribus annis vitam duxit non in desideriis et deliciis; pes enim ejus dexter, si bene recolo, igne adverso qui vulgo Græcus [98] dicitur, miserabiliter accensus jam consumptus erat usque ad talum. Talus quidem, sicut accepimus a physicis, cartilaginosus suscipit nervos a superioribus, cujus læsuram, etsi modicam, naturæ scimus esse et corporis saluti valde contrariam. E vicino igitur ignis iste infernalis talo propinquans, ut pæne nulla est ipsius distantia, ægrotare cœpit plus solito et vicibus angustiarum et tortionum crebescentibus, vitæ ipsius desperatio cœpit mentes propinquorum admodum turbare. Habebat hic matrem nomine Mabiliam, germanam domini Ricardi de Hastinges, magistri militiæ [99] Templi in Anglia, mulierem profecto sanctam, vitæ probabilis, sanctæ conversationis, cujus inter monachas convictus et cohabitatio splendidam eam reddiderunt apud Wikes[1], usque ad hæc novissima tempora nostra. Cum hæc agerentur de quibus mentio præsens dat intellectum auditui, etsi in extremis videret filium suum laborantem, nec aliud nisi instantem mortis horam præstolantem, maluit plus animæ

---

[98] Ducange does not mention any disease of this name, but the description in the text answers to his account of "Ignis sacer," and "Infernalis."
[99] He occupied this office in 1160.
[1] Wickes, or Wix, in the Hundred of Tendring. A nunnery was founded here in the reign of Henry I. The manor of Wix belonged to the Hastings family. Morant, i. 466—468; Mon. Angl. iv. 513.

providere quam vitæ, et institutis inibi consanguineis et
vicinis qui funeralibus obsequiis operam darent, assumptis
secum duabus filiabus suis, elegit utilius pro filio et præ-
stantius, in ecclesia ante crucifixum lacrimosis suspiriis in-
sistere et orationibus, ut spiritus filii jam migraturus ab er-
gastulo cœnulentæ materiæ dirigeretur ad Dominum, quam
sedulis manibus oculos claudens morientis, quod quidem
supplicium idiotarum et vetularum est commune solatium.
Ubi cum ab hora completorii usque ad mediæ noctis conti-
cinium, mater pro filio preces funderet, (et vere mater quæ
quidem usque ad sanguinem eliciendum lacrimis non pe-
percisset,) accidit dictu mirabile, credi mirabilius ; vecordis
enim est animi et insensati credere Deum fidelibus lacrimis
et internæ devotionis affectu pro carorum salute non posse
moveri, dum, singultibus multiplicatis, non contineret mater
lacrimas, nec contineret misericors Ille et dulcis Jesus mise-
ricordias Suas.   Nam qui præsto est omnibus invocantibus
Eum in veritate, jam quasi tædio affectus ubertate lacrimarum et singultus, infirmanti præsens affuit, nam imago
præsens hic crucifixi quam cernere potestis, obstipo sic
capite, sic redimita auro, gemmis, et hujuscemodi apparatu,
in extremis laboranti apparuit, stans ad pedes lecti, dis-
tentis brachiis, sicut nunc est, proprio nomine ab extasi
evocans Matheum, sciscitans utrum vitæ melioris statum
et mandatorum Dei plus solito sedulus esse velit executor,
et bonorum virorum imitator, non eorum ut assuevit per-
vicax detrectator.   Cui cum respondisset se pariturum per
omnia, quoniam eorum quæ improperaverat ei mens erat
conscia, "Adoro Te," inquit, "Fili Dei vivi, pro me misero
peccatore passum in cruce pro mei et totius mundi redemp-
tione ; salva me in hac hora quem pavisti pane Tuo in ecclesia crucis Tuæ ab uberibus matris meæ." Apprehendens
igitur imago prædicta, talum infirmantis putridum projecit
ad ultimum domus angulum, et extremam cruris partem,
ubi pes compaginatus fuerat, sæpius manu circumvolvens,

cutem novam, in momento, eminentiæ ossis superduxit si-
milem cuti reliquæ, dolorem omnimodum delevit, salutem
plenam corpori restituit, sicque discessit.

28. *Qualiter inveniunt talum exustum in angulo domus.*

Exultans itaque gaudio ineffabili, miser ille misericordiam consecutus, vocat circumjacentes, nam omnes obdor-
mierant, et quid gratiæ quidve solatii præstitum sit ei per
virtutem Sanctæ Crucis cum lacrimis manifestat, cum omni
festinantia id matri et sororibus intimari postulat, clerum et
populum invitari ad gratiarum actiones exsolvendas supplex
orat. Nec mora, citus evolat nuntius, sed velocior eo cam-
pana invitans ad matutinas sonat; ad januam ecclesiæ sedulus
pulsat nec auditur propter æris sonitum, donec completur.
Accedit sacrista mirans tantæ tunsionis frequentiam, audit,
gaudet, flens gratias agit, sonitum omnium campanarum
replicat, ut solet propter ignem in burgo accensum, ut
citius convocaretur clerus et populus ad miraculum : acce-
dunt canonici ; formatur processio ; accensis cereis, et multis
luminaribus pervenimus ad domum. Sciscitantur majores
nostri rei eventus, narrat ille cui fides habenda erat quod
acciderat, veri eventus signa vidimus ; ad extremum domus
angulum accedimus, ibi sacculum plenum sanie ut vix
propter fœtorem propinquare quis posset, invenimus ; gau-
dentes supra modum revertimur. Ego quidem tunc puer
turribuli ebdomadarius cum ceteris quandoque flebam, in-
terdum ridebam, imitatrix simia factus aliorum. Cum per-
ventum fuisset ad ecclesiam, incepto sonore a quodam fratre
Radulpho juniore, Te Deum laud., et pulsato classico, laudes
Deo exsolvimus in jubilo. Laudet omnis creatura Crea-
torem omnium qui, in Crucis Suæ laudem, vere confitentium
corda movet et compungit ad amorem intimum. Qui ex
atro silice terris inauditum, virtute potentiæ, instaurat miraculum, Huic laus atque gloria, honor atque victoria Deo sit
in sæcula.

29. De discordia comitis Galfridi de Mandevilla et Willelmi comitis de Arundel.

Seditionis tempore, cum se inæqualiter agerent homines in terra nostra, et de pari contenderet modicus cum magno, humilis cum summo, et fide penitus subacta, nullo respectu habito servi ad dominum, sic vacillaret regnum et regni status miserabili ductore premeretur fere usque ad exinanitionem, e vicino contendebant inter se duo de præcipuis terræ baronibus, Gaufridus de Mandeville, et Comes de Harundel, quem post discessum Regis Henrici conjugio Reginæ Adelidis contigit honorari, unde et superbire et supra se extolli cœpit ultra modum, ut [non] posset sibi pati parem, et vilesceret in oculis ejus quicquid præcipuum præter regem in se habebat noster mundus. Habebat tunc temporis Willelmus ille, pincerna, nondum comes, dotem reginæ Waltham, contiguam terris comitis Gaufridi de Mandeville[2], impatiens quidem omnium comprovincialium terras suo dominio non mancipari. E contra Gaufridus iste præcellens multiformi gratia, præcipuus totius Angliæ, militia quidem præclivis, morum venustate præclarus, in consiliis regis et regni moderamine cunctis præeminens, agebat se inter ceteros quasi unus ex illis, nullius probitatis suæ garrulus, nullius probitatis sibi collatæ vel dignitatis nimius ostentator, rei suæ familiaris providus dispensator, omnium virtutum communium quæ tantum decerent virum affluentia exuberans, si Dei gratiam diligentius acceptam et ceteris prælatam, diligens executor menti suæ sedulus imprimeret; novit populus quod non mentior, quem si laudibus extulerim, meritis ejus assignari potius quam gratiæ nostræ id debere credimus, verumptamen gratiæ divinæ de cujus munere venit quicquid boni provenit homini.

---

[2] He was killed at the siege of Burwell, being under sentence of excommunication for plundering Ramsey Abbey, Sept. 14, 1144. Mon. Angl. iv. 140.

30. *Qualiter Galfridus comes de Mandevilla succendit villam de Waltham, et crux sancta deponitur. Comes vulneratur et moritur.*

Inter se igitur tanti viri pacis et tranquillitatis metas excedentes, et seditiose alter alterius prædia vastantes, contigit Gaufridum, furore exagitatum quia succenderit Willelmus domus suas et universam prædam terræ suæ abigi fecerat, villam Walthamensem succendere, nec posse domibus canonicorum parcere quæ reliquis domibus erant contiguæ: (testimonium [3] perhibemus qui et dampna cum ceteris sustinuimus,) unde requisitus cum nollet satisfacere, placuit fratribus ibidem Deo servientibus, in transgressionis hujus vindictam, crucem deponere, si forte dives ille compunctus hoc facto vellet resipiscere. Tradunt autem qui hiis inquirendis diligentiam adhibuerunt, eadem depositionis hora, comitem illum ante castrum de Burcvelle, ad quod expugnandum diligenter operam dabat, letale vulnus suscepisse, et eo infra xl. dies viam universæ carnis ingressum fuisse.

31. *De quinque Flandrensibus spoliantibus ecclesiam tempore incendii et non valentibus egredi.*

Tempore igitur incendii supra memorati, dum observaret comes ille ecclesiam cum multis ne succenderetur, amicissimus ipse et devotus ecclesiæ, afflictus multo dolore quod periclitarentur res ecclesiæ, (non tamen poterat manentibus illis injuriam sibi allatam vindicare); contigit quiddam dictu mirabile; nam quidam satellites de suis, ipso nesciente, quinque Flandrenses filii Belial ecclesiam ingressi, sarcinulas deportatas ad ecclesiam ob pacis et rerum conservandarum remedium arriperent, ad asportandas eas hostia ecclesiæ laborando quæritarent, sed obstante crucis signo nec ecclesiam exire nec sarcinulas transferre permissi sunt, donec sedatis omnibus et sublatis de medio adversariis pax data est villæ, et reversi jam nostri qui insecuti

[3] It appears from this that our author was already a canon, as early as 1144.

fuerant gentem adversam, intrantes ecclesiam ut sarcinulas suas reportarent ad propria, invenerunt filios Belial circumvagantes per semitas ubi patebat eis via, (nam plena erat cistis et armariis propter hanc seditionem ecclesia,) adhuc deportantes sarcinulas; quos cum comprehendissent nostri furore exagitati, dum vellent a sanctuario expellere, obstitit Warmundus sacrista vir bonus, vitæ laudabilis et Deo devotus, et utroque lumine privatos, cæcos quidem oculorum et cordis acie duxit ante altare et compunctos corde, (erat enim eis necesse,) diutissime flagris cæsos, reddita eis sanitate miseratione divina, conduxit per villam, multis obstare volentibus, sed reverentiam exibentes conductori, liberos dimiserunt filios diaboli.

32. De Hunfrido de Barentune furioso, et de equo suo, tempore incendii.

Eadem die vir quidem nomine Hunfridus de Barentone[4], per manum domini Gileberti de Munfichet[5] forestarius in provincia, veniens cum reliquis spiritu nequam debriatis, equo sedens intravit ecclesiam, ut satellitibus Belial præcepta daret, pronos ad malum ad deteriora animaret: a domo Dei equum insidens exivit, complices suos insequens ad compitum extra burgum venit, ubi correpti a dæmonio et ipse et cui insidebat equus, pæne transgressionis et vesaniæ suæ susceperat talionem; equus namque inibi a diabolo suffocatus est, miles in ecclesiam multorum manibus, quia vicinus noster erat, deportatus, vix triduo fusa frequenti oratione pro illo restitutus est sanitati. In retributionem itaque collati sibi a Domino beneficii præfatus miles ecclesiæ contulit in memoriale donum xiiii. acras terræ cum prato adjacenti juxta dominium cujusdam præbendæ in Luchentuna.

[4] Humfrey, son of Eustace de Barington, has a grant of land from Aubrey de Vere, at Chigwell, in the reign of Stephen or Henry II. Morant, i. 166.

Humfrey is mentioned as a benefactor of Waltham in the charter of Richard I. [5] The Munfichets were hereditary foresters of Essex. Morant, ii. 576.

33. *Qualiter Robertus aurifaber et plures canonici percussi sunt cæcitate cum laminam femoralem sublevarent.*

Eadem igitur temporis statione cum humiliata jaceret terræ crux nostra, consilio capituli selecti sunt duo de fratribus, Robertus filius Walteri et Adam filius Bruningi [6], qui sedulam darent operam in veteranis laminis et ærugine obductis crucifixi, ut mundarentur et burnirentur quæ vetustate ipsa oboleverant, lapides etiam preciosi, qui circulis suis vetustate consumptis ceciderant, pristinis locis restituerentur. Factum est, dum observarent aurifabros ne malignandi daretur eis copia, cum sublevasset Robertus, aurifaber Sancti Albani, laminam auream femoralem, ut privaretur ipse omni luminis et manuum operationis amminiculo, et officio oculorum suspensi sunt prædicti duo canonici, et Warmundus sacrista et Antonius custos ecclesiæ, et Alwinus Bisemare carpentarius, Edmundus dormitorii custos, et duo servientes aurifabri, et ita manerent stupidi non videntes ab hora tertia usque ad vespertinale officium; sed cum sero novissent se nunquam manus apposituros amplius, respectu miserationis divinæ lumen amissum receperunt, ulterius huic sanctuario manus immundas non applicaturi.

[6] See charter in Appendix III. 19.

APPENDIX I.

(*Harl.* 3776.)

MACTE pater patriæ, meritis insignis Harolde,
Parma, pugil, gladius, te tegit hic tumulus.
Qui cum rege truci mundi subducere luci ;
Classica non trepidas quæ vehit hic Boreas.
Omen at infaustum sua signa retorsit ad austrum,
Nam tua fata scies in nova bella ruens.

Hoc mausoleo fortis requiescit Haroldus
Qui fuit Anglorum gentis rex inclitus olim,
Cui favor imperium species natura potestas
Contulit et regnum, dans cum diademate sceptrum.
Dum pugil insignis proprias defendere gentes
Nititur, occubuit Francorum gente peremptus.
Hujus nobilibus successibus invida fata
Quæ nequeunt salvare necant fraudemque sequuntur.

Item versus de adventu Sᶜᵃ Crucis et canonicorum Sæcularium apᵈ Waltham.

WALTHAM valle datur : habita cruce nobilitatur :
Succrevitque chorus mundani canonicatus.
Martyrium Thomæ memoratur religione.
Fundat et ædificat, renovat rex, papaque firmat.
Eximitur : liberaque datur, sub eis dominatur
Hic datus undique stas ut in ordine dignior abbas.

Item versus de libertate et dignitate Canonicorum Regularium.

QUATUOR utendis Waltham præerat simul istis,
   Ordine, pauperibus, et hospite nomine curæ,
Continuabatur antiquitus usus in illis,
   Absit quod novitas transgrediatur eas.

APPENDIX II.

THE GREAT CHARTER OF WALTHAM.

(*MS. Cotton. Tib. C.* ix. f. 48 ; *Mon. Angl.* vi. 61 ; *Kemble,*
C. D., 813.)

✠ In nomine Domini nostri Jhesu Christi, qui unus Deus in
Trinitate ab omnibus se colentibus veneratur et puro cordis
affectu adoratur.   Ego Eadwardus Dei dono Anglorum rex in
hujus mundi decursu hujus sæculi filiorum qui justi inveniuntur
studens exaltare cornu utpote regalis imperii jure rite roborati,
accedant ad eum per callem justitiæ qui dat petentibus juste et
religiose vivere.   Hæc tamen beata commutatio digne censetur
in hoc sæculo ut cui fœlicitas tantum deliberaverit animi quod
mundialium gravedine cupiditatum postposita velut granum frumenti a spinis suffocantibus aliquando vero dumetis arescentibus
decipiat in hunc tenorem emergi ut divina virtute firmatus vigeat
suo Creatori et Domino.   Istas etenim inter transitorias mundi
procellas cuidam meorum comitum onomate Haroldo quandam
terram, quæ antiquitus ab incolis illius loci nuncupatur Waltham, hæreditario jure concessi, cum omnibus ad se pertinentibus campis pascuis pratis silvis et aquis.   Exhinc sibi tantam Deus suæ pietatis gratiam contulit ut inter momentanea
mundi desideria cogitaret fœliciter desudando cœlestia ; quin-
etiam ille qui omnia in omnibus operatur ut vult, talem divinæ
pietatis dulcedinem ut supramemoravi concessit ei ut non solum
Dei cultor efficiatur verum etiam canonicæ regulæ strenuus institutor fieri credatur ; nam hæc divinitus fidei declaratione et
operum exhibitione cæterarumque æcclesiarum rerum plenitu-
dine probavit eventus.   Quis autem finis ejus desiderii post·hæc
evenerit, sapientia per Salomonem declarando prompsit, dum ait
justis dabitur desiderium bonum.   Enimvero rationali consilio
ditatus ac suæ non immemor conditionis, in præscripto loco
monasterium ad laudem Domini nostri Jhesu Christi et Sanctæ
Crucis construxit.   Primum concedens ei terram quæ vocatur
Northlande, unde æcclesiam villæ antiquitus dotatam invenit ;
post fundatum dehinc sacræ fidei monasterium ad normam
sanctæ Dei æcclesiæ dedicari fecit honorifice ob memoriam mei

et conjugis meæ nomine Eadithæ, patris ac matris pro se suisque omnibus vivis et defunctis sibi consanguinitate conjunctis. Hoc enim perplurimis sanctorum, apostolorum, martyrum, confessorum, virginum reliquiis ornavit. Hoc non solum terris quarum vocabula post hæc sunt recitanda, verum etiam libris evangelicis, vestibus ac diversis ornamentorum generibus, templo Domini congruentibus qui divinis cultibus clare ac dulcedine imbutus attentius sanctæ celebrationis templum excolere cœpit ac venerari. Quid plura? suæ denique conditionis non immemor, ibidem quorundam catervulam fratrum secundum auctoritatem Sanctorum Patrum canonicæ regulæ subjectam constituit, quæ Deo et Sanctis Ejus die noctuque laudes hymnizando decantet.

Hæc sunt vocabula prædiorum ad præfatum pertinentia monasterium. Passefelda cum omnibus ad se pertinentibus, campis, pascuis pratis, silvis et aquis; Walde cum omnibus ad se pertinentibus, campis, pascuis, pratis, silvis et aquis; Upminster cum omnibus ad se pertinentibus, campis, pascuis, pratis, silvis et aquis; Walhfare cum omnibus ad se pertinentibus, campis, pascuis, pratis, silvis et aquis; Tippedene cum omnibus ad se pertinentibus, campis, pascuis, pratis, silvis et aquis; Alwartune cum omnibus ad se pertinentibus, campis, pascuis, pratis, silvis et aquis; Wodeforda cum omnibus ad se pertinentibus, campis, pascuis, pratis, silvis et aquis; Lambehithe cum omnibus ad se pertinentibus, campis, pascuis, pratis, silvis et aquis; Nesingan cum omnibus ad se pertinentibus, campis, pascuis, pratis, silvis et aquis; Brikendune cum omnibus ad se pertinentibus, campis, pascuis, pratis, silvis et aquis; Melnho cum omnibus ad se pertinentibus; Alriches eia cum omnibus ad se pertinentibus; Wrmeleia cum omnibus ad se pertinentibus; Nethleswell cum omnibus ad se pertinentibus; Hicche cum omnibus ad se pertinentibus, campis, pascuis, pratis, silvis et aquis; Lukintone cum omnibus ad se pertinentibus; West Waltham cum omnibus ad se pertinentibus;

Has omnes supradictas terras ego Eadwardus Rex pro redimendis peccatis meis et antecessorum sive etiam successorum meorum, consilio Archiepiscoporum et episcoporum necnon et principum terræ meæ, æcclesiæ Sanctæ Crucis et fratribus ibidem in Dei nomine congregatis sive congregandis concedo, cum sacha et soche, sol et team, et infangenethof, et flemenes fyrithe, et gridbreche, forstal, hamsokne, blodwite, ordel et oreste. Si

vero aliquis successorum meorum quod absit, de terris istis
quicquam subtraxerit vel subtrahi permiserit, et inde requisitus
emendare noluerit, ei Deus justus judex reguum pariter et coronam auferat. Nos autem Archiepiscopi et episcopi ad hanc
confirmationem congregati ex præcepto Domini Regis, ejusdem
hortatu excommunicamus et maledictione perpetua condempnamus omnes transgressores hujus consularis donatiouis et
regularis concessionis.

[Here follow the land measures.]

Ego Eadwardus, nutu divino rex, omnia prædia quæ Haroldus comes monasterio apud Waltham subjecit vel quæ adhuc
se daturum decernit, sublevans statuo, ut ab omni servitutis jugo
sint semper libera et a shiris et hundredis et extra curiam Sanctæ
Crucis omnibus placitis et omnibus geldis. Scriptum est autem
istud privilegium anno Dominicæ Incarnationis M.L.XII., indic-
tionibus ter quinis, epactis septenis, concurrente I. Hiis testibus consentientibus.

Ego Eadwardus Anglorum Basileus hac inscriptione +Salu-
tiferæ crucis deliberando assigno. +Ego Eadgytha Dei munere
Christi Regina hæc eadem confirmando testimonium do. +Ego
Stigandus Dorobernensis Archipræsul hæc eadem affirmo. +Ego
Ealdredus Eboracensis Archiepiscopus hoc consolido. +Ego Ælf-
woldus episcopus ad hæc testimonium perhibeo. +Ego Heremannus episcopus testimonium exhibeo. +Ego Leofricus episcopus testimonium adhibeo. +Ego Willielmus episcopus hæc
affirmo. +Ego Ailmarus episcopus hæc consolido. +Ego Leofwinus episcopus testimonium perhibeo. +Ego Wlfwinus episcopus hæc eadem confirmo. +Ego Ælwinus episcopus testimonium exhibeo. +Ego Æfricus episcopus hæc affirmo. +Ego
Walterus episcopus hæc eadem corroboro. +Ego Gyso episcopus
hæc omnia præscripta confirmo. +Ego Ægelnothus abbas. +Ego
Ælfwinus abbas. +Ego Wlffricus abbas. +Ego Leoffricus abbas.
+Ego Leofstanus abbas. +Ego Ælwig abbas. +Ego Hordricus
abbas. +Ego Ægelsinus abbas. +Ego Leofstanus abbas. +Ego
Eadmundus abbas. +Ego Sichtricus abbas. +Ego Haroldus
comes operando consolido. + Ego Ælfgarus comes. + Ego
Tostinus comes. +Ego Leofwinus comes. +'Ego Gyrth comes.
+Ego Esgarus regiæ procurator aulæ. +Ego Rodbertus regis
consanguineus. +Ego Radulphus regis aulicus. +Ego Bundinus
regis Palatinus. +Ego Hesbernus regis consanguineus. +Ego

Regenbaldus regis cancellarius. +Ego Petrus regis capellanus. +Ego Baldewinus regis capellanus. +Ego Brihtricus princeps. +Ego Ælfstanus princeps. +Ego Wigodus regis pincerna. +Ego Herdingus reginæ pincerna. +Ego Adzurus regis dapifer. +Ego Yfingus regis dapifer. +Ego Godwinus reginæ dapifer. +Ego Doddo princeps. +Ego Ælfgarus princeps. +Ego Brixinus princeps. +Ego Ægelnothus princeps. +Ego Esbernus princeps. +Ego Eadwig princeps. +Ego Eadricus princeps. +Ego Ægelmundus princeps. +Ego Siwardus princeps. +Ego Alwoldus princeps. +Ego Ælphig princeps. +Hæc ego subscripsi Swithar sub nomine Christi.

APPENDIX III.

(From MSS. Cotton, Tib. C. 9, and Harl. 391.)

1. *Breve Regis Willielmi Ruphi de terris et libertatibus anti-quorum Canonicorum.*

WILLIELMUS Rex Angliæ Vicecomitibus suis salutem et minis-tris. Mando vos ut faciatis canonicos de Waltham ita bene et honorifice habere terras suas et consuetudines sicut eas habu-erunt tempore Patris mei. T. Willo Daubeni.—[*circa* 1096.]

2. *Carta Regis Henrici Primi quam fecit Mathildi Reginæ.*

Henricus Rex Angliæ omnibus vicecomitibus suis et ministris salutem. Sciatis me dedisse Mathildi Reginæ uxori meæ Walt-ham cum omnibus ei adjacentibus et servitium canonicorum et hominum eorum cum sacha et socha et tol et theam et infan-genethef et omnibus aliis consuetudinibus infra burgum et extra, infra tempus et extra et in terra et in aquis. Et volo ut omnes sui homines atque omnes homines prædictæ villæ canonicorum sint quieti ex omnibus hundredis et sciris et placitis et omni Warda: et si quis aliquem ex suis hominibus aut ex hominibus canonicorum calumpniatus fuerit veniat ad Curiam Reginæ ad Waltham ibique canonici regulariter respondebunt et laici se-cundum legem sæcularem respondeant. T., &c.—[*circa* 1100.]

3. *Carta Regis Henrici primi quam fecit Mathildi Reginæ.*

Henricus Rex Angliæ, M. Episcopo et Hugoni de Bohcland et omnibus ministris suis, &c.

Sciatis me dedisse Mathildi Reginæ Waltham cum omnibus ei adjacentibus, et servitium canonicorum et hominum eorum cum saca et socha et tol et tem et infangenetehf, et omnibus aliis consuetudinibus infra burgum et extra, infra tempus et extra, et in terra et in aqua. Et volo atque præcipio ut omnes sui homines atque homines prædictæ villæ canonicorum sint quieti de omnibus hundredis et sciris et placitis et de omni warda et scotto et geldo et omnibus aliis querelis; et si quis ex hominibus prædictæ villæ de aliqua re calumpuiatus veniat ad curíam ejus ibiqué canonici regulariter respondebunt et laici secundum legem sæcularem respondeant. T. Rog. Bigod.— [*circa* 1100.]

4. *Item Carta Regis Henrici Primi de molendinis.*

Henricus Rex Angliæ Ricardo Episcopo Londoniæ, &c., salutem.

Sciatis me concessisse ecclesiæ Sanctæ Crucis de Waltham molendinum ejusdem Waltham et quicquid molendinis pertinet tam in aqua quam in silva sicut Mathildis Regina uxor mea eidem ecclesiæ ea dedit et concessit pro escambio ecclesiæ Sanctæ Trinitatis de London[1] : et præcipio ut ita bene et quiete ea prædicta ecclesia teneat sicut melius et quietius Regina tenuit.— [*circa* 1108.]

5. *Item ejusdem de domibus nostris et una acra in Gaiste.*

Henricus Rex Angliæ Herberto Episcopo Norwicensi salutem.

Sciatis me pro Dei nomine dedisse et concessisse ecclesiæ de Geiste unam acram terræ ubi domus sunt, et præcipio ut cam Alfricus sacerdos teneat et habeat sicut melius habuit in tempore fratris mei : Et filius suus. T.—[*circa* 1100.]

6. *Litteræ de Eodem.*

Henricus Rex Angliæ Ebrardo Episcopo Norwicensi &c., salutem.

Præcipio ut Albericus presbyter et Theodoricus filius ejus juste et in pace teneant terram et domos suas quæ sunt super

[1] The exchange referred to in this document is that between Waltham and the Crown, the former surrendering the site of Christ Church, or the Holy Trinity, Aldgate, and receiving the mills of Waltham. The records from which this information is derived are translated in Stevens's *Monasticon*, from a Register in possession of Anstis the Herald, and are so printed in the *Mon. Angl.*, vi. 155. Two of them are given here as illustrating the history of Waltham.

I. Henry, king of England, to Richard, bishop of London, and Hugh de Roch (*lege* Bocheland), and to all his lieges, French and English, throughout all England, greeting. Know ye that I have granted to Queen Maud my wife, that she place canons regular in the church of the Holy Trinity in London. Know ye also that this same church is free and discharged from subjection to the church of Waltham, by the exchange the said Queen gave to the church of Waltham, with my consent, in the presence of T. (R.), bishop of Salisbury, and Th. S. John and Jordan Say. It is my will and I ordain that the aforesaid church of the Holy Trinity, and all things belonging to the same, remain as free and unmolested as ever they were in the time of the Queen herself, and in the time of William, bishop of Durham. Given at Dunstable.

II. Walter Dean and the whole chapter of Waltham, to Richard, bishop of London, and all faithful, greeting. Know ye that we have quitted claim to the church of the Holy Trinity in London which belonged to our church, for the exchange which Queen Maud gave us with the consent of our Lord King Henry.

acram terræ quam dedi et concessi ecclesiæ de Geiste sicut
præcepi per aliud breve meum et nullus eis super hæc injuriam
inde vel molestiam faciat.—[*circa* 1121.]

7. *Carta Regis Stephani quam fecit Mathildi uxori suæ.*

Stephanus Rex Angliæ Episcopo Lond., salutem.
Sciatis me dedisse Mathildi Reginæ uxori meæ Waltham cum
omnibus ei adjacentibus et servitium canonicorum et hominum
eorum cum sacha et socha et tol et tem et infangenethef et
cum omnibus aliis consuetudinibus infra burgum et extra, infra
tempus et extra et in terra et in aquis. Et volo atque præcipio
ut omnes sui homines atque homines canonicorum prædictæ villæ
sint quieti de omnibus hundredis et sciris et placitis et de omni
warda et scotis et Geldis et omnibus querelis, et si quis ex hominibus prædictæ villæ de aliqua re calumpniatus fuerit veniat ad
curiam Reginæ ibique canonici regulariter respondeant et laici
secundum regulam sæcularem. T., &c.—[*circa* 1135.]

8. *Carta Regis Stephani de libertatibus antiquorum canonicorum.*

Stephanus Rex Angliæ Episcopo Lond., &c., salutem. Sciatis
me concessisse et dedisse ecclesiæ et canonicis de Waltham
omnes illas libertates et consuetudines et quietancias et sacham
et socham et tol et them et infangenethef et omnes rectitudines
quas habuerunt tempore Regis Henrici avunculi mei : infra burgum et extra, infra tempus et extra in terris et in aquis et in
omnibus aliis locis sicut carta Regis Henrici testatur, et volo et
præcipio quod prædicta ecclesia et canonici et terræ eorum et
homines eorum sint quieti sciris et hundredis et placitis et de
omni warda et omni scotto et geldo et auxilio victus et aliis
rebus et querelis, et si quis aliquem ex hominibus suis de aliqua
re calumpniatus fuerit veniat ad curiam Sanctæ Crucis de Waltham et ibi canonici regulariter respondeant et laici secundum
legem sæcularem : et præcipio quod homines eorum ita bene
sint quieti de theloneo et omnibus aliis consuetudinibus per
totam Angliam sicut fuerunt tempore Mathildis Reginæ et sicut
carta Regis testatur. T.—[*circa* 1151.]

9. *Carta Mathildis Imperatricis et Dominæ Anglorum quam*
fecit Adeliciæ Reginæ.

Mathildis imperatrix Regis Henrici filia et Angliæ domina
omnibus vicecomitibus, &c., salutem. Sciatis me dedisse et

concessisse Adeliciæ Reginæ uxori Regis Henrici patris mei Waltham cum omnibus ei adjacentibus et servitia canonicorum et hominum eorum cum sacha et socha et tol et theam et infangenethef et omnibus aliis consuetudinibus infra burgum et extra infra tempus et extra et in terra et in aqua. Et volo et præcipio ut omnes sui homines prædictæ villæ et canonicorum sint quieti de sciris et hundredis et warda et placitis. Et si quis aliquem ex suis hominibus aut ex hominibus canonicorum de aliquo calumpniatus fuerit veniat ad curiam Reginæ et canonicorum ad Waltham et ibi canonici regulariter respondeant et laici secundum legem sæcularem. Et præcipio quod homines Reginæ et canonicorum de Waltham ita bene sint quieti de theloneo et omnibus aliis consuetudinibus per totam Angliam sicut melius fuerunt tempore Mathildis Reginæ. T. &c. Ita dico sicut Rex Henricus carta sua confirmavit, Test. eisdem.—[*circa* 1140.]

10. *Carta Regis Henrici Secundi de libertatibus antiquorum canonicorum.*

Henricus Rex Angliæ dux Normanniæ, &c. Justiciariis, Vicecomitibus et ministris suis totius Angliæ salutem. Præcipio quod ecclesia mea de Waltham teneat bene et in pace juste et integre et honorifice omnes res et possessiones et consuetudines ac libertates suas sicut melius et liberius tenuit tempore Henrici Regis avi mei et sicut carta Regis Henrici testatur. T., &c. —[*circa* 1154.]

11. *Cartæ Reginarum.*

Carta Mathildis Reginæ de molendinis.

Mathildis Angliæ Regina omnibus fidelibus suis, &c., salutem. Sciatis me concessisse et dedisse ecclesiæ Sanctæ Crucis de Waltham Molendina ejusdem Waltham, tam in aquis quam in silva, et in multura et omnibus libertatibus, quibus ego ipsa ea habui pro escambio ecclesiæ Sanctæ Trinitatis de Londonia et sicut licet canonicis Sanctæ Trinitatis in omnibus quæ possunt ecclesiam suam emendare ita liceat canonicis de Waltham molendinæ sua in omnibus quæ possunt crescere et moliare. T. Rogerio Episcopo Salesberiensi.—[1108.]

12. *Carta Mathildis Reginæ de Northlanda.*

Mathildis Anglorum Regina Ricardo Episcopo Lond., &c., salutem. Scitote me reddidisse Deo et Sanctæ Cruci et Canonicis de Waltham illas duas hydas et dimidiam de Northlanda quas Walcherus episcopus invide de Ecclesia abstulit, et præcipio ut ita solute et quiete teneant sicut antequam inde terra prædicta ablata fuisset : et hoc facio pro salute corporis et animæ Henrici Regis Domini mei et mea et filiorum meorum.—[1108—1118.]

13. *Carta Mathildis Reginæ de Nundinis.*

Mathildis Anglorum Regina Ricardo Lund. Episcopo et Hugoni de Bochel et Aldwino canonico et omnibus ministris Regis et suis et omnibus hominibus Francis et Anglis de Essexa, salutem. Sciatis me dedisse et concessisse ecclesiæ Sanctæ Crucis de Waltham et canonicis ibidem Deo famulantibus ferias de festivitate Sanctæ Crucis cum omnibus consuetudinibus feriis pertinentibus : et hoc pro salute Domini mei Henrici Regis et mea et filiorum meorum. Volo etiam et præcipio ut ita quiete et honorifice et plenarie habeant sicut ego ipsa tenebam et omnes venientes ad eundem ecclesiam et inde redeuntes tam ementes quam vendentes firmam pacem Regis et meam habeant. Testibus Rog. Ep. Saresberiensi et Nigello de Olleio et Rann. Capellano : et Galfrido Capellano Reginæ et prædictæ Ecclesiæ Canonico et Aldwino Canonico et Odone Morio apud Westm. pridie ante Exaltationem Sanctæ Crucis.—[1108—1118.]

14. *Mathildis Reginæ de quieta clamatione Episcopi Dunelmensis.*

Mathildis Regina, &c., salutem. Sciatis me perpetualiter pardonasse canonicis de Waltham pro anima Regis et mea, et quietos eos omnino clamasse denarios, illos quos episcopus Willielmus Dunolmensis solebat ab eis accipere quoque anno ad opus Castelli Dunolmensis. T. Willo Giffard &c.—[1100—1106.]

15. *Carta Adeliciæ Reginæ de decimis dandis.*

Adelicia Dei Gratia Regina omnibus, &c., salutem. Sciatis me concessisse et dedisse ecclesiæ et canonicis Sanctæ Crucis de Waltham perpetualiter pro anima Regis Henrici domini mei et antecessorum suorum et salute mea omnem decimam de dominio meo de Waltham et de ei appendiciis iu omnibus rebus de vivo et de mortuo unde juste decima dari debet et sicut eam do et concedo de dominico meo sic volo et firmiter præcipio ut omnes homines mei de tenemento de Waltham dent decimam suam de omnibus rebus suis plenarie tam de vivo quam de mortuo.—[*circa* 1140.]

16. *Item aliud Breve pro decimis dandis.*

Adelicia Dei gratia Regina universis hominibus suis de Walt- ham salutem. Mando vobis et præcipio quod bene et plenarie reddatis ecclesiæ Dei et Šauctæ Crucis de Waltham rectas decimas de omnibus quæ juste decimari solent; si feceritis placebit mihi et grates vobis sciam : sin autem, grave erit mihi et forisfacturam mcam inde accipiam et concedam quod ecclesia vos tandem constringendo justificet. T., &c.—[*circa* 1140.]

Litteræ Reginæ Alienoræ secundum eundem tenorem.

17. *Item Adeliciæ de scottis et geldis.*

Adelicia Anglorum Regina, &c. Sciatis me clamasse quietum totum dominicum canonicorum Sanctæ Crucis de Waltham de omnibus Geldis et Scottis, et nolo ut amplius inde aliquod requiratur, sed tempus sit quietum pro salute Domini mci Regis et mea et sicut tempore Mathildis Reginæ. T.—[*circa* 1140.]

18. *Item.*

Mathildis Anglorum Regina, &c., salutem. Sciatis me clamasse quietum totum dominicum canonicorum Sanctæ Crucis de Waltham de omnibus geldis et scottis perpetualiter et nolo quod amplius de dominico canonicorum aliquod requiratur sed tempus sit quietum pro salute Domini mei Regis ct mea sicut fuit tempore Mathildis Reginæ Amitæ meæ.—[*circa* 1135.]

19.

Henricus Rex Augliæ Waltero decano et canonicis Sanctæ Crucis de Waltham, salutem.

Sciatis me concessisse Adæ filio Bruningi et hæredibus suis in feudum et hæreditatem terram illam quam Bruningus pater ejus tenuit in Epping, scilicet unam hidam et xl. acras, et terram de Waltham et prata eidem terræ de Epping pertinentia, reddendo iude singulis annis Ecclesiæ Sanctæ Crucis de Waltham quinque solidos pro omni servitio et omni consuetudine, et terram de Lamburne scilicet xl. acras quas idem Bruningus pater suus tenuit, reddendo inde singulis annis Ecclesiæ Sanctæ Crucis de Waltham unum sextarium viui pro omni servitio et omni consuetudine. Volo ergo et præcipio ut habeant et teneant omnes terras supradictas bene et libere in omnibus rebus per servitium supra dictum. Teste IIugone de Bello campo.

20.

Henricus Dei gratia Wintoniensis episcopus et apostolicæ sedis legatus, venerabili fratri et amico R. Londinensi episcopo et archidiacono et canonicis de Waltham et universo clero episcopatus Lond., salutem. Nostræ administrationis ratio desiderat ut justis postulationibus facilem præbeamus assensum. Quocirca dilectorum filiorum nostrorum canonicorum de Waltham precibus annuentes, parochiam de Waltham et de Eppinges quam de communia eorum sicut in præsentia nostra probatum est esse constat, auctoritate officii quo fungimur et ratione administrationis decanatus quam in eadem ecclesia præsidentes habemus eis in eadem communia in perpetuum habendam confirmamus et præsentis scripti nostri attestatione et munimine roboramus. Valete.—[*circa* 1144.]

APPENDIX IV.

EXTRACTS FROM DOMESDAY BOOK.

VOL. i. 34.—SURREY.

Terra Comitis Moriton : in Brixistan Hund.

COMES Moriton tenet Lanchei. Canonici de Waltham tenuerunt de Heraldo. Tunc se defendit pro 6 hidis et dimidia, modo pro nichilo. Terra est 6 car. In dominio est 1 car. et 5 villani, et 12 bordarii cum 3 car. Ibi unus servus et 6 ac. prati. T. R. E. valebat 100 sol. et post et modo 4 lib.

In Waleton Hund.

Ipse comes tenet Estreham. T. R. E., se defendit pro 5 hidis, modo pro nichilo. Heraldus tenuit 1 hid. et dimid. Canonici de Waltham 1 hid et dimid.

VOL. i. 58.—BERKSHIRE.

Terra Episcopi Dunelmensis. In Benes. Hund.

Episcopus Dunelmensis tenet de Rege Waltham in elemosina. Vlwinus canonicus tenuit de Heraldo comite et ecclesiæ de Waltham pertinuit. Tunc et modo pro 3 hid. Terra est 6 car. In dominio sunt 2 et 8 villani et 3 cot. cum 4 car. Ibi 3 servi et 3 ac. prati. Silva de 6 porcis. T. R. E. valebat 60 sol. et post 70 sol. Modo 100 sol.

VOL. i. 132.—HERTFORDSHIRE.

In dim. Hund. de Hiz.

Rex Willelmus tenet Hiz; pro 5 hid. se defendit. . . . . Hoc manerium tenuit Heraldus comes.

VOL. i. 136.

Terra Canonicorum de Waltham. In Hertf. Hund.

Canonici Sanctæ Crucis de Waltham tenent Wermelai. Pro 5 hid. se defendit. Terra est 4 car. In dominio 3 hidæ et 2 virg. et dim. et ibi est una car. et una potest fieri. Ibi 5 villani habent 2 car. Ibi 4 Bord. et 3 cot. et 2 servi. Pratum 4 car.

pastura ad pecuniam. Silva 300 porc. In totis valentiis val. et valuit 4 lib. T. R. E. 100 sol. Hoc Manerium jacuit et jacet in Ecclesia S. Crucis de Waltham. Ipsi canonici ten. Brichendone. Pro 5 hid. se defendit. Terra est 8 car. In dominio 3 hid. et dim. et ibi sunt 2 car. et tertia potest fieri. Ibi 9 villani habent 4 car. et quinta potest fieri. Ibi 9 bord. et 23 cot. et 2 servi et 1 molend. de 8 sol. Pratum 2 car. Pastura ad pecuniam villæ et 2 sol. · Silva 200 porcis. In totis valentiis val. et valuit 100 sol. T. R. E. 8 lib. Hoc manerium jacuit et jacet in ecclesia S. Crucis de Waltham.

Vol. i. 140.

In Hertf. Hund.

Ipse Goisfridus tenet Hailet. Pro 2 hid. se defendit. Terra est 2 car. In dominio 1 hida et 3 virg. et ibi est una car. et adhuc dim. potest fieri. Ibi 2 vill. cum 2 bord. habent dim. car. Ibi 3 cot. et unus servus : pratum 1 car. Pastura ad pecuniam. Silva 50 porc. De gurgite 50 Anguillæ val. 30 sol. Quando recept. 10 sol. T. R. E. 4 lib. Hanc terram tenuit Wilwinus homo Heraldi comitis. De quadam silva reclamat Radulfus de Limesi tantum quantum pertinet ad 3 hid. de Emmewelle et 2 villanos de 1 virg. et 1 Bord. de 10 acr. et adhuc 24 acr. terræ quas sumpsit Ilbertus de Hertford et apposuit huic Manerio, ut homines de scira testantur, et canonici de Waltham reclamant tantum silvæ quantum pertinet ad unam hidam.

Vol. i. 210.—Bedfordshire.

Terra Episcopi Dunelmensis. Bicheleswade Hund.

Ep. Dunelm tenet de Rege in Melehou 3 hid. et dimid. Terra est 4 car. In dominio 3 hid. et dimid. et ibi est 1 car. et alia potest fieri. Villani habent 2 car. Ibi 4 villani et 1 scr. val. 40 sol. et tantundem quando recept. T. R. E. 60 sol. Hanc terram dedit rex Edw. Ecclesiæ S. Crucis de Waltham ut homines de hund. testantur.

In Hund. de Cliston.

Tenet isdem ep. 8 hid. in Alricesei et 2 part. 1 virg. Terra est 8 car. In dominio sunt 3 car. et 8 villani habent 4 car. et 5ta potest fieri. Ibi 5 bord. et 2 servi et 2 mol. 26 solid. et 8 den. pratum 3 car. valet et valuit 7 lib. T. R. E. 8 lib. Hoc manerium tenuerunt canonici S. Crucis de Waltham in Elemosina T. R. E.

59

Vol. ii. 15.—Essex.

Terræ Canonicorum S. Crucis de Waltham. Hund. de Waltham.

Epingam tenet semper S. Crux pro manerio et 2 hid. et 15 acr. Semper 1 car. et dim. in dominio et 2 bor. et 2 ser. Silva 50 porc. 3 acr. prati 10 animal. 1 runc. 20 por. 20 ov. 8 capræ et val. 15 sol.

Nasingam semper tenet S. Crux pro 5 hid. Tunc 1 car. in dominio modo 1 et dim. Tunc 1 car. hom. modo 1 et dim. Semper 5 vill. modo 2 bor. Tunc 3 ser. modo nullus. Silva 50 por. 13 acr. prati. dim. pisc. 1 ruuc. 4 auim. 10 porc. 15 ov. Tunc val. 40 sol. modo 60.

Hund. de Beventreu.

Wdefort tenet semper S. Crux. T. R. E. 5 hid. Semper 2 car. in dominio. Tunc 13 car. hom. modo 7. Semper 13 vill. Silva 500 porc. 26 acr. prati. Tunc 1 mol. modo null. Tunc 4 bord. modo 7. Tunc 4 ser. modo nullus. Tunc 1 an. modo 6. 100 ov. 1 por. 40 capr. Semper val. 100 sol.

Lochintunam tenet semper S. Crux pro manerio et 4 hid. et 20 acr. Tunc 2 car. in dominio, modo 1. Semper 1 car. hom. et 2 vill. Tunc 2 bord. modo 5. Silva 100 por. 5 acr. prati. 1 car. pot. restaurari, 5 an. 5 ov. et val. 40 sol.

Lochintunam tenet S. Crux, pro manerio et 2 hid. et dim. Semper 1 car. in dominio. Tunc 2 bor. modo 4. Silva 40 por. 4 acr. prati. 9 an. 10 por. 20 ov. val. 20 sol.

Hund. de Angra.

Passefeldam tenet semper S. Crux pro manerio et pro 2 hid. 30 acr. minus. Tunc 6 vill. modo 4 bor. Tunc 7 ser. modo 3. Tunc 2 car. in dominio, modo 3. Tunc 3 car. hom. modo 2. Silva 700 porc. 8 acr. prati. Tunc 3 an. modo 6. Tunc 20 por. modo 30, 50 ov. Tunc 16 capr. modo 36. Modo 1 runc. Semper val. 6 lib.

Alvertunam tenet semper S. Crux pro manerio et 4 hid. et dim. et 10 acr. Tunc 7 vill. modo 9. Tunc 2 bor. modo 6. Tunc 5 ser. modo 3. Semper 2 car. in dominio. Tunc 3 car. hom. modo 2. Silva 400 porc. 15 acr. prati, 2 an. 8 ov. 10 por. 15 capr. Semper val. 4 lib.

Tippedenam tenet semper S. Crux pro manerio et 3 hid. et

40 acr. Semper 8 vill. et 7 bor. Tunc 4 ser. modo nullus.
Tunc 2 car. in dominio modo 1. Tunc 2 car. hom. modo 1.
Silva 300 por. 6 acr. prati. 2 an. 8 por. 9 ov. Semper val.
40 sol. Quidam liber homo tenuit 40 acr. quem invasit ecclesia
postquam rex venit in hanc terram et tenet adhuc. Tunc
1 car. modo nulla, et quando recep. dim. 4 acr. prati. Tunc
val. 6 sol et 8d. Modo 5 sol. et 4d.

Hund. de Ceofferda.

Welda tenet semper S. Crux pro uno manerio et T. R. E. pro
2 hid. modo pro 1 et dim. Goisfridus de Magna villa habet
aliam dim. sed hund. nescit quare habeat et G. dicit se habere
pro excangio. Semper 10 vill. et 6 bor. et 3 ser. et 2 car. in
dominio. Tunc 6 car. hom. modo 4. Silva 200 por. 1 acr. et d.
prati; modo 4 an. Tunc 10 por. modo 25. Tunc 25 ov. modo
65 et val. 6 lib. In hoc manerii jacuit 1 soc. qui tenuit 1 car.
terræ, sed modo habet Rob. Gernon ex dono Regis ut ipse dicit.

Upmonstram tenet S. Crux pro 2 hid. et dim. et 40 acr.
Tunc 8 vill. modo 6. Tunc 2 bor. modo 4. Tunc 4 ser. modo 3.
Semper 2 car. in dominio et 4 car. hom. Silva 300 por. 6 acr.
prati, 2 an. Tunc 20 ov. modo 50. Tunc 11 por. modo 30.
Semper val. 4 lib. Huic Manerio jacet 1 soc. de 30 acr. et dim.
car. et val. 20d.

. *Walcfaram* tenet semper Ecclesia pro 4 hid. 40 acr. minus.
Tunc 4 bor. modo 10. Tunc 6 ser. modo 3. Semper 2 car. in
dominio et 1 car. hom. Silva 30 por. 18 acr. prati. Modo
1 runc. Semper 5 an. 5 por. 40 ov. 2 vasa apum. Val. 40 sol.

In Waltham.

Medietatem hidæ habet S. Crux.

Printed by Messrs. Parker, Cornmarket, Oxford.